AF457901

ANALYSE
DES
LOIS ANCIENNES ET MODERNES
SUR LES DOMAINES ENGAGÉS;

PRÉCÉDÉE

DE LA COPIE TEXTUELLE DES NOUVELLES LOIS RENDUES DEPUIS 1790;

CONTENANT

INSTRUCTION

POUR

L'EXÉCUTION DE CELLE DU 14 VENTOSE, AN VII;

PAR une SOCIÉTÉ d'Employés supérieurs de la Régie de l'Enregistrement et du domaine national, Rédacteurs des *Instructions Décadaires sur l'Enregistrement et Droits y réunis.*

A PARIS,
Au bureau des Rédacteurs, rue Projetée-Choiseuil, n°. 1er.
ET SE TROUVE:
Dans ceux de la Direction de l'Enregistrement du chef-lieu de chaque département.

AN VII.

EXPOSITION DE L'OUVRAGE.

Il était difficile de traiter à fond la matière des domaines engagés, sans parcourir les différentes périodes de la féodalité à laqu'elle le domaine de l'État doit, en grande partie, son origine. Il fallait d'ailleurs, pour l'intelligence et l'application des Lois nouvelles, connaître les Lois anciennes, les motifs qui les avaient fait rendre, et ceux qui les ont fait abroger. Nos lecteurs verront donc dans cet Ouvrage,

1°. L'origine du domaine de l'État, les principes qui régissaient autrefois ce domaine, les différentes espèces d'aliénations, et leurs dénominations.

2°. L'analyse rapide de l'ancienne législation, avant et depuis 1566, jusqu'à ce jour.

3°. Les obligations des détenteurs, experts et préposés de la Régie, d'après la Loi du 14 ventose, an 7.

Nous y avons joint la copie textuelle de toutes les Lois rendues depuis 1789, pour la réunion des Domaines engagés.

AVIS.

Tous les Exemplaires de cet Ouvrage seront signés par l'un des Rédacteurs, dont les noms suivent : Berger, Pierrot, Fouant, Aigoin, Ginoux, Rippert, Lacoste, Duportail, Segond et Venelle.

Pour la Société,

LOI

RELATIVE aux domaines nationaux, aux échanges et concessions qui ont été faits, et aux apanages.

Donnée à Paris, le 1er. décembre 1790.

Décret de l'assemblée nationale, du 22 novembre 1790.

L'ASSEMBLÉE NATIONALE considérant, 1°. que le domaine public a formé pendant plusieurs siècles la principale et presque l'unique source de la richesse nationale, et qu'il a long-tems suffi aux dépenses ordinaires du gouvernement; que livré, dès le principe, à des déprédations abusives et à une administration vicieuse, ce domaine précieux, sur lequel reposait alors la prospérité de l'État, se serait bientôt anéanti, si ses pertes continuelles n'avaient été réparées de différentes manières, et sur-tout par la réunion des biens particuliers des princes qui ont successivement occupé le trône.

2°. Que le domaine public, dans son intégrité et avec ses divers accroissemens, appartient à la nation; que cette propriété est la plus parfaite qu'on puisse concevoir, puisqu'il n'existe aucune autorité supérieure qui puisse la modifier ou la restreindre; que la faculté d'aliéner, attribut essentiel du droit de propriété, réside également dans la nation; et que si dans des circonstances particulières, elle a voulu en suspendre pour un tems l'exercice, comme cette loi suspensive n'a pu avoir que la volonté générale pour base, elle est de plein droit abolie, dès que la nation, également représentée, manifeste une volonté contraire.

3°. Que le produit du domaine est aujourd'hui trop au-dessous des besoins de l'Etat, pour remplir sa destination primitive; que la maxime de l'aliénabilité devenue sans motifs, serait encore préjudiciable à l'intérêt public, puisque des possessions foncières, livrées à une administration générale, sont frappées d'une sorte de stérilité, tandis que dans la main de propriétaires actifs et vigilans, elles se fertilisent, multiplient les subsistances, animent la circulation, fournissent des alimens à l'industrie, et enrichissent l'Etat.

4°. Que toute concession, toute distraction du domaine public, est essentiellement nulle ou révocable, si elle est faite sans le concours de la nation; qu'elle conserve sur les biens ainsi distraits la même autorité et les mêmes droits que sur ceux qui sont restés dans ses mains; que ce principe, qu'aucun laps de tems ne peut affaiblir, dont aucune formalité ne peut éluder l'effet, s'étend à tous les objets détachés du domaine national, sans aucune exception.

Considérant enfin que ce principe exécuté d'une manière trop rigoureuse, pourrait avoir de grands inconvéniens dans l'ordre civil, et causer une infinité de maux partiels, qui influent toujours plus ou moins sur la somme du bien général; qu'il est de la dignité d'une grande nation, et du devoir de ses représentans, d'en tempérer la rigueur, et d'établir des règles fixes, propres à concilier l'intérêt national avec celui de chaque citoyen; décrète ce qui suit:

---

§ Ier.

De la nature du domaine national et de ses principales divisions.

ARTICLE PREMIER.

Le domaine national proprement dit s'entend de toutes les propriétés foncières et de tous les droits réels ou mixtes qui appartiennent à la nation, soit qu'elle en ait la possession et la jouissance actuelles, soit qu'elle ait seulement le droit d'y rentrer par voie de rachat, droit de réversion ou autrement.

II.

Les chemins publics, les rues et places des villes, les fleuves et rivières navigables, les rivages lais et relais de la mer, les ports, les havres, les rades, etc., et en général toutes les portions du territoire national, qui ne sont pas susceptibles d'une propriété privée, sont considérées comme des dépendances du domaine public.

III.

Tous les biens et effets, meubles ou immeubles demeurés vacans et sans maîtres, et ceux des personnes qui décèdent sans héritiers légitimes, ou dont les successions sont abandonnées, appartiennent à la nation.

IV.

Le conjoint survivant pourra succéder à défaut de parens, même dans les lieux où la loi territoriale a une disposition contraire.

V.

Les murs et fortifications des villes entretenues par l'Etat, et utiles à la défense, font partie des domaines nationaux; il en est de même des anciens murs, fossés et remparts de celles qui ne sont point places fortes ; mais les villes et communautés qui en ont la jouissance actuelle, y seront maintenues, si elles sont fondées en titres, ou si leur possession remonte à plus de dix ans ; et à l'égard de celles dont la possession aurait été troublée ou interrompue depuis quarante ans, elles y seront rétablies. Les particuliers qui justifieront de titres valables, ou d'une possession paisible et publique depuis quarante ans, seront également maintenus dans leur propriété et jouissance.

V I.

Les biens particuliers du prince qui parvient au trône ; et ceux qu'il acquiert pendant son règne, à quelque titre que ce soit, sont de plein droit et à l'instant même unis au domaine de la nation, et l'effet de cette union est perpétuel et irrévocable.

V I I.

Les acquisitions faites par le roi à titre singulier, et non en vertu des droits de la couronne, sont et demeurent pendant son règne à sa libre disposition ; et ledit tems passé, elles se réunissent de plein droit et à l'instant même au domaine public.

§. I I.

Comment et à quelles conditions les domaines nationaux peuvent être aliénés.

V I I I.

Les domaines nationaux et les droits qui en dépendent sont et demeurent inaliénables, sans le consentement et le concours de la nation ; mais ils peuvent être vendus et aliénés à titre perpétuel et incommutable, en vertu d'un décret formel du corps législatif, sanctionné par le roi, en observant les formalités prescrites pour la validité de ces sortes d'aliénations.

I X.

Les droits utiles et honorifiques ci-devant appellés régaliens, et notamment ceux qui participent de la nature de l'impôt, comme droits d'aides et autres y joints, contrôle, insinuations, centième denier, droits de nomination et de casualité des offices, amendes, confiscations, greffes, sceaux et tous autres droits semblables, ne sont point communicables ni cessibles; et toutes concessions de droits de ce genre, à quelque titre qu'elles ayent été faites, sont nulles, et en tout cas révoquées par le présent décret.

X.

Les droits utiles, mentionnés en l'article précédent, seront, à l'instant de la publication du présent décret, réunis aux finances nationales; et dès-lors ils seront administrés, régis et perçus par les commis, agens ou préposés des compagnies établies par l'administration actuelle, dans la même forme et à la charge de la même comptabilité que ceux dont la régie et administration leur est actuellement confiée.

X I.

Les obligations que le roi pourrait avoir contractées pour rentrer dans les droits ainsi concédés, seront annullées, comme ayant été consenties sans cause, et les rentes cesseront du jour de la publication du présent décret.

X I I.

Les grandes masses de bois et forêts nationales demeurent exceptées de la vente et aliénation des biens nationaux permise ou ordonnée par le présent décret et autres décrets antérieurs.

X I I I.

Aucun laps de tems, aucune fin de non-recevoir ou exceptions, excepté celles résultantes de l'autorité de la chose jugée, ne peuvent couvrir l'irrégularité connue et bien prouvée des aliénations faites sans le consentement de la nation.

X I V.

L'assemblée nationale exempte de toute recherche, et confirme en tant que de besoin, 1°. les contrats d'échange faits régulièrement dans la forme, et consommés sans fraude, fiction ni lésion avant la convocation de la présente session. 2°. Les ventes et aliénations pures et simples, sans clause de rachat, même les inféodations, dons et concessions à titre gratuit, sans clause de réversion, pourvu que la date de ces aliénations, à titre onéreux ou gratuit, soit antérieure à l'ordonnance de février 1566.

X V.

Tout domaine dont l'aliénation aura été révoquée ou annullée en vertu d'un décret spécial du corps législatif, pourra être sur-le-champ mis en vente, avec les formalités prescrites pour l'aliénation des biens nationaux, à la charge par l'acquéreur d'indemniser le possesseur, et de verser le surplus du prix à la caisse de l'extraordinaire.

§. III.

Des Apanages.

X V I.

Il ne sera concédé à l'avenir aucuns apanages réels. Les fils puînés de France seront élevés et entretenus aux dépens de la liste civile, jusqu'à ce qu'ils se marient et qu'ils aient atteint l'âge de vingt-cinq ans accomplis. Alors il leur sera assigné, sur le trésor national des rentes apanagères, dont la quotité sera déterminée à chaque époque par la législature en activité.

X V I I.

Les fils puînés de France et leurs enfans, et descendans, ne pourront, en aucun cas, rien prétendre ni réclamer dans les biens-meubles ou immeubles relaissés par le roi, la reine et l'héritier présomptif de la couronne.

§. I V.

Des échanges.

X V I I I.

Tous contrats d'échange des biens nationaux non consommés, et ceux qui ne l'ont été que depuis la convocation de l'assemblée nationale, seront examinés pour être confirmés ou annullés par un décret formel des représentans de la nation.

X I X.

Les échanges ne seront censés consommés qu'autant que toutes les formalités prescrites par les loix et réglemens auront été observées et accomplies en entier; qu'il aura été procédé aux évaluations ordonnées par l'édit d'octobre 1711, et que l'échangiste aura obtenu et fait enregistrer dans les cours les lettres de ratification nécessaires pour donner à l'acte son dernier complément.

X X.

Tous contrats d'échange des biens domaniaux, pourront être révoqués et annullés, malgré l'observation exacte des formes prescrites, s'il s'y trouve fraude, fiction ou simulation, et si le domaine a souffert une lésion du huitième, eu égard au tems de l'aliénation.

X X I.

L'échangiste dont le contrat sera révoqué, sera au même instant remis en possession réelle et actuelle de l'objet par lui cédé en contr'échange, sauf les indemnités respectives qui pourraient être dues; s'il a été payé des soultes ou retour de part ou d'autre, ils seront rendus à la même époque, et si les soultes n'ont pas été payées, il sera fait raison des intérêts pour le tems de la jouissance.

XXII.

Les échangistes qui auront rempli toutes les conditions prescrites, et qui, par le résultat des opérations, se sont trouvés débiteurs d'une soulte dont ils ont dû payer les intérêts jusqu'à ce qu'ils eussent fourni des biens et domaines fonciers de la même nature, qualité et valeur, seront admis à payer lesdits retours ou soultes avec les intérêts, en deniers ou assignats, sans aucune retenue. L'administrateur général des domaines sera autorisé à donner toute quittance bonne et valable, et il sera tenu de verser le tout dans la caisse de l'extraordinaire; et à cet effet, on retirera des greffes des chambres des comptes et autres dépôts publics, tous les renseignemens nécessaires.

§. V.

Des engagemens, des dons et concessions à titre gratuit ou rémunératoire, baux à rente ou à cens, etc.

XXIII.

Tous contrats d'engagement des biens et droits domaniaux postérieurs à l'ordonnance de 1566, sont sujets à rachat perpétuel; ceux d'une date antérieure n'y seront assujettis qu'autant qu'ils en contiendront la clause expresse.

XXIV.

Les ventes et aliénations des domaines nationaux, postérieures à l'ordonnance de 1566, seront réputées simples engagemens, et comme telles perpétuellement sujettes à rachat, quoique la stipulation en ait été omise au contrat, ou même qu'il contienne une disposition contraire.

XXV.

Aucuns détempteurs de biens domaniaux sujets à rachat, ne pourront être dépossédés sans avoir préalablement reçu ou été mis en demeure de recevoir leur finance principale avec ses accessoires

XXVI.

En procédant à la liquidation de la finance due aux engagistes, les sommes dont il aura été fait remise ou compensation, lors du contrat d'engagement, à titre de don, gratification, acquits patens ou autrement, seront rejettés; on ne pourra faire entrer en liquidation que les deniers comptans réellement versés en espèce au trésor public, en quelque terme, ou pour quelques causes que les quittances soient conçues, et la preuve du contraire pourra être faite par extraits tirés des registres du trésor public, états de menus et comptans, et autres papiers de même genre, registres et comptes des chambres des comptes, et tous autres actes.

XXVII.

Tous engagistes et détempteurs de domaines nationaux moyennant finance, pourront en provoquer la vente et adjudication définitive. Pour y parvenir, ils en feront leur déclaration au comité d'aliénation de l'assemblée nationale et aux directoires de département et de district, de la situation du chef-lieu; et au moyen de cette déclaration, les biens engagés seront mis en vente en observant les formalités prescrites par les décrets, après avoir été préalablement estimés, sans pouvoir être adjugés au-dessous du prix de l'estimation; et l'adjudication n'en sera faite qu'à la charge de rembourser au concessionnaire ou détempteur la finance primitive avec les accessoires, et de verser le surplus, s'il y en a, à la caisse de l'extraordinaire.

XXVIII.

Les dons, concessions et transports à titre gratuit de biens et droits domaniaux faits avec clause de retour à la couronne à quelqu'époque qu'ils puissent remonter, et tous ceux d'une date postérieure à l'ordonnance de 1566, quand même la clause du retour y serait omise, sont et demeurent révocables à perpétuité, même avant l'expiration du terme auquel la réversion à la couronne aurait été fixée par le titre primitif.

XXIX.

Les baux emphythéotiques, les baux à une ou plusieurs vies, sont réputés aliénations; en conséquence, les détempteurs des biens compris en iceux, et en général tous fermiers des biens et usines nationaux dont les baux excéderaient la durée de neuf années, remettront au comité des domaines, dans le délai d'un mois, des copies collationnées de leur baux et emphythéoses, pour être examinés par le comité, et ensuite, sur son rapport, être statué sur leur entretien et sur leur résiliation.

XXX.

Tous acquéreurs ou détempteurs des domaines nationaux, les rendront lors de la cessation de leur jouissance, en aussi bon état qu'ils étaient lors de la concession, et ils seront tenus des dégradations et malversations commises par eux, ou par personnes dont ils doivent répondre.

XXXI.

Les aliénations faites jusqu'à ce jour par contrat d'inféodation, baux à cens ou à rentes des terres vaines et vagues, landes, bruyères, palus, marais et terrains en friches, autres que ceux situés dans les forêts, ou à cent perches d'icelles, sont confirmés et demeurent irrévocables par le présent décret, pourvu qu'elles aient été faites sans dol ni fraude, et dans les formes prescrites par les réglemens en usage au jour de leur date.

§. VI.

Dispositions générales.

XXXII.

Aucun concessionnaire ou détempteur, quel que soit son titre, ne peut disposer des bois de haute-futaie, non plus que des taillis recrûs sur les futaies coupées ou dégradées.

XXXIII.

Il en est de même des pieds corniers, arbres de lisière, balivaux anciens et modernes, des bois taillis, dont il est d'ailleurs défendu d'avancer, retarder ni intervertir les coupes.

XXXIV.

Il est expressément enjoint, par le présent décret, à tous concessionnaires ou détempteurs des biens nationaux, à quelque titre qu'il en jouissent, de présenter au comité des domaines de l'assemblée nationale et au directoire du département de la situatton du chef-lieu de ces domaines, dans trois mois, à compter du jour de la publication du présent décret, des copies sur papier libre, collationnées par un officier public, des titres de leurs acquisitions, des procès-verbaux qui ont dû précéder l'entrée en jouissance, des quittances de finance, si aucunes ont été payées, des baux qui en auront été consentis, et en général de tous les actes, titres et renseignemens qui pourront en constater la consistance, la valeur et le produit, et faire connaître le montant des charges dont ils sont grevés ; et faute par eux d'y satisfaire dans le délai prescrit, ils seront condamnés à la restitution des fruits, du jour qu'ils seront en demeure.

XXXV.

Les engagistes ou concessionnaires à vie, ou pour un tems déterminé, des biens et droits domaniaux, leurs héritiers ou ayans cause, se renfermeront exactement dans les bornes de leurs titres, sans pouvoir se maintenir dans la jouissance desdits biens, après l'expiration du terme prescrit, sous peine d'être condamnés au paiement du double des fruits perçus depuis leur indue jouissance.

XXXVI.

La prescription aura lieu à l'avenir pour les domaines nationaux dont l'aliénation est permise par les décrets de l'assemblée nationale, et tous les detempteurs d'une portion quelconque desdits domaines, qui justifieront en avoir joui par eux-même ou par leurs auteurs, à titre de propriétaires, publiquement et sans trouble pendant quarante ans continuels, à compter du jour de la publication du présent décret, seront à l'abri de toute recherche.

XXXVII.

Les dispositions comprises au présent décret, ne seront exécutées à l'égard des provinces réunies à la France, postérieurement à l'ordonnance de 1566, qu'en ce qui concerne les aliénations faites depuis la date de leur réunion respective, les aliénations précédentes devant être réglées suivant les lois lors en usage dans ces provinces.

XXXVIII.

L'assemblée nationale abroge, en tant que de besoin, toute loi ou réglement contraire au présent décret.

L O I

RELATIVE aux biens concédés à titre d'engagement par l'ancien gouvernement.

Du 3 septembre 1792, l'an 4e. de la liberté.

ARTICLE PREMIER.

Toutes les aliénations des domaines nationaux déclarées révocables par la loi du 1er. décembre 1790, sur la législation domaniale, autres par conséquent que celles faites en vertu des décrets de l'assemblée nationale, sont et demeurent révoquées par le présent décret.

II.

Il sera incessamment procédé à la réunion des biens compris dans lesdites aliénations ; la régie des domaines est chargée de la poursuivre ; et pour cet effet, elle se conformera à ce qui est prescrit ci-après.

III.

Les détenteurs desdits biens seront tenus de remettre leurs contrats, quittances de finance et autres titres relatifs à leur remboursement, au commissaire national, directeur général de la liquidation, dans les trois mois qui suivront la publication du présent décret.

Ils seront tenus de justifier de cette remise, quinzaine après, en remettant le certificat du commissaire liquidateur, au bureau d'enregistrement dans l'arrondissement duquel les biens seront situés ; et *pro duplicata*, lorsque les biens compris dans un acte d'aliénation, se trouveront situés dans l'arrondissement de plusieurs bureaux : le receveur en donnera son récépissé.

Cette remise tiendra lieu de consentement à la dépossession.

I V.

Les détenteurs qui se seront conformés à ce qui est prescrit par l'article précédent, ne pourront être dépossédés sans avoir préalablement reçu, ou été mis en demeure de recevoir, les sommes auxquelles leur finance et ses accessoires auront été liquidés ; ils percevront jusqu'à cette époque, les fruits et produits des biens, à la charge de les entretenir en bon état et d'en acquitter les charges et contributions.

Cependant l'état des biens pourra être constaté pendant cette jouissance, en la forme prescrite par l'article ci-après.

V.

Les détenteurs qui se croiront dans quelque cas d'exception, et en droit de se faire déclarer propriétaires incommutables, conformément à la loi du 1er. décembre 1790, sur la législation domaniale, seront tenus de se pourvoir dans le même délai de trois mois, devant le tribunal du district de la situation des biens, pour faire statuer ce qu'il appartiendra contradictoirement avec la régie, en présence du procureur-général-syndic du département, et sur les conclusions du commissaire national.

L'instruction de ces instances aura lieu par simples mémoires respectivement communiqués, sans aucuns frais, autres que ceux du papier timbré et de signification des jugemens interlocutoires et définitifs.

Les jugemens rendus par le premier tribunal du district, seront sujets à l'appel.

V I.

Les délais prescrits par les articles III et V, sont prorogés d'une année pour les détenteurs absens du royaume, pour aucune des causes légitimes déterminées par les lois;

Et à deux années pour les détenteurs résidant au-delà du cap de Bonne-Espérance.

VII.

Les détenteurs qui ne se seront pas conformés à ce qui est prescrit par l'article III du présent décret, ou qui ne se seront pas pourvus devant les tribunaux, seront dépossédés à l'instant de l'expiration des délais fixés par les articles III, V et VI ci-dessus.

Ils seront tenus de rendre compte des fruits, depuis le jour de la publication du présent décret.

La même restitution de fruits sera ordonnée contre ceux dont la maintenue sera rejetée.

VIII.

La régie prendra possession des biens, par un procès-verbal dressé sans frais par le juge de paix du canton de la situation des biens.

La régie en fera remettre copie, dans les huit jours qui suivront, au directoire du district dans le territoire duquel les biens seront situés; elle sera pareillement tenue de lui donner connaissance du consentement ou de l'opposition des détenteurs à leur dépossession.

Dans le même délai de huitaine, la régie fera publier le procès-verbal de sa prise de possession dans toutes les municipalités sur le territoire desquelles lesdits biens, ou partie, se trouveront situés.

Dès cette époque, les fermiers seront tenus de verser entre les mains des receveurs particuliers des droits d'enregistrement, le prix de leurs baux; et les intendans ou régisseurs, le produit des biens qui leur sont confiés, et qui écherront à compter de la prise de possession.

IX.

Dans les quinze jours qui suivront la prise de possession, ou le consentement donné par les détenteurs, conformément à l'article III du présent décret, la régie fera vérifier et constater l'état des biens, contradictoirement avec le détenteur.

Le rapport des experts contiendra en autant d'articles séparés, l'état 1°. des fonds d'héritages; 2°. des bâtimens; 3°. des droits incorporels; 4°. des biens de toute autre nature.

Les experts constateront et estimeront les dégradations et diminutions, ou les augmentations et améliorations faites dans lesdits biens par les détenteurs.

X.

Pour l'exécution de l'article précédent, la régie fera notifier aux détenteurs et à leur domicile pour ceux résidant en France, et au domicile de la personne chargée de la perception des revenus pour ceux résidant hors du royaume, la personne qu'elle aura choisie pour son expert, avec sommation d'en nommer un de leur part, dans le délai de huitaine. Ce délai sera augmenté d'un jour par dix lieues, pour ceux qui sont domiciliés au-delà de cette distance du tribunal ci-après indiqué. Faute par les détenteurs de nommer leur expert dans le délai ci-dessus, il sera nommé d'office par le tribunal du district sur le territoire duquel le chef-lieu ou la majeure partie desdits biens sera situé.

Dans le cas où les deux experts se trouveraient partagés dans leurs avis, chacun d'eux fera dans le procès-verbal ses observations sur les articles susceptible de difficultés; et le tribunal nommera un troisième expert pour les départager.

Tous les experts prêteront serment de procéder en leur ame et conscience aux visites et estimations dont ils seront chargés, et ils déposeront leurs procès-verbaux au greffe du tribunal, pour en être délivré des expéditions aux parties qui les réquerront, et à leurs frais.

X I.

Les détenteurs des biens seront tenus de remettre aux experts, lorsqu'ils feront la visite des lieux, des copies sur papier libre, collationnées par un officier public, des titres de leurs engagemens, des procès-verbaux qui ont dû précéder l'entrée en jouissance en vertu desdits titres; et en général de tous les actes et renseignemens qui pourront en constater la consistance, la valeur et le produit, et faire connaître le montant des charges dont ils sont chargés.

Et faute par eux de faire ladite remise, ils seront condamnés en trois cents livres d'amende, et à la restitution des frais, à compter du jour indiqué pour la visite.

Ces condamnations seront poursuivies devant le tribunal du district dans le territoire duquel le principal manoir des biens se trouvera situé, et à la requête des régisseurs des domaines nationaux, qui seront responsables de leur négligence à cet égard.

X I I.

Seront observées en tout ce qui peut être relatif à l'exécution du présent décret, les dispositions de celui du 19 juillet 1791, concernant le remboursement des droits supprimés sans indemnité.

X I I I.

S'il s'élève des contestations sur la consistance des biens, elles seront portées par les parties réclamantes devant les tribunaux de district de la situation des biens, pour y être jugées en la forme déterminée par l'article V du présent décret.

X I V.

Les détenteurs qui auront poursuivi la liquidation de leur

remboursement, dans les trois mois prescrits par l'article III du présent décret, recevront les intérêts de leur capital, à compter du jour que les fruits auront cessé de leur appartenir.

Quant aux détenteurs qui ne poursuivront leur remboursement qu'après ce délai, et ceux dont les demandes en maintenue auraient été rejetées par les tribunaux, les intérêts ne pourront leur être alloués, qu'à compter du jour de la remise de leurs titres au commissaire national, directeur général de la liquidation.

Les intérêts qui seront alloués à tous les détenteurs, sont fixés à quatre pour cent de leurs capitaux sans retenue.

X V.

Nul détenteur ne pourra recevoir son remboursement qu'en rapportant l'attestation donnée par le directeur de la régie des biens nationaux, de l'existence en bon état des biens dont il est détenteur, et de la remise des titres et papiers-terriers relatifs auxdits biens; 2°. les quittances des contributions et des redevances dues pour les deux dernières années de sa jouissance; l'attestation du préposé de la régie et les quittances des contributions, seront visées par les directoires du district de la situation des biens.

X V I.

Pourront cependant les détenteurs qui se trouveront débiteurs, à raison des dégradations ou des réparations à leur charge, ou des redevances par eux dues, offrir de précompter sur leur remboursement, le montant de ce qu'ils auront à payer. Ils seront tenus à cet effet d'en rapporter le bordereau, visé et vérifié dans la forme prescrite par l'article précédent; ils seront tenus pareillement de précompter sur leurs remboursemens, et de restituer même en cas d'insuffisance, le montant des sommes qu'ils auront pu recevoir à raison des sous-aliénations ou sous-acensemens consentis par eux ou leurs auteurs.

XVII.

Si les détenteurs se pourvoient en maintenue, postérieurement à la prise de possession de la régie, ils ne pourront plus obtenir que la restitution des biens, tels qu'ils seront au jour de leur demande, et celle des fruits à compter de la même époque.

XVIII.

Les biens dont la régie aura pris possession, seront administrés et vendus avec les formalités prescrites pour l'administration et l'aliénation des biens nationaux.

Ne seront cependant vendus aucuns des biens dont la vente a été ajournée ou exceptée par les lois précédentes.

XIX.

Si les biens déclarés aliénables étaient mis en vente avant que les détenteurs eussent consenti ou contesté en justice leur dépossession, la première offre des soumissionnaires, ou la direction du montant de l'estimation, et la première affiche, leur seront notifiées dans la forme prescrite par l'article III; et faute par eux de s'être pourvus avant l'adjudication définitive, et d'avoir donné connaissance de leurs diligences au directoire du district par-devant lequel la vente devra être faite, ils ne pourront plus obtenir que la restitution des sommes reçues par la nation avec les intérêts échus depuis le jour de la demande, et la faculté d'exercer leurs droits pour recevoir le paiement de ce qui sera dû par les adjudicataires ou leurs ayant causes, dans les termes fixés par l'acte de leur adjudication.

XX.

Pour accélérer la liquidation des sommes dues aux détenteurs des biens engagés, il sera établi un bureau particulier auprès du commissaire national, directeur général de la liquidation ; et les rapports sur ces objets seront soumis à l'assemblée nationale par son comité des domaines.

XXI.

Les baux à ferme ou à loyer, soit particuliers, soit généraux des biens engagés, faits par les détenteurs, qui auront une date certaine antérieure à la publication du présent décret, seront exécutés selon leur forme et teneur, sans que les acquéreurs puissent expulser les fermiers, même les sous-fermiers.

XXII.

Dans le cas où les baux généraux comprendraient plusieurs corps de ferme, ou des biens épars dans plusieurs paroisses, que les fermiers-généraux feront valoir par eux-mêmes ou par des colons partiaires, il sera fait par experts une ventilation, afin de déterminer la somme pour laquelle chaque corps de ferme, ou les biens épars situés dans chaque paroisse, sont entrés dans le prix total du bail.

L'estimation desdits biens sera faite d'après le produit déterminé par le procès-verbal d'évaluation : chaque corps de ferme sera mis en vente séparément, et l'adjudicataire recevra du fermier le loyer de son objet, suivant qu'il aura été fixé par la ventilation.

XXIII.

Dans le cas où les fermiers-généraux auraient passé des sous-baux authentiques, avant la publication du présent décret, ou suivis de prise de possession avant le premier janvier dernier, les prix des sous-baux seront la base de l'estimation desdits biens.

Les adjudicataires jouiront du prix entier des sous-baux généraux, à la charge par eux de laisser annuellement le dixième de leur produit au fermier principal, pour lui tenir lieu de toute indemnité.

XXIV.

Dans les cas où parmi les biens compris dans les baux généraux, il s'en trouverait une partie qui fût occupée ou exploitée par les preneurs ou leurs colons partiaires, il sera procédé par des experts que nommeront lesdits preneurs et les procureurs syndics des districts de la situation des biens, à l'estimation des fermages qui devront être payés pour raison de cette partie.

XXV.

Si dans les baux, soit généraux, soit particuliers, il se trouvait compris des biens ou des droits dont la vente a été ajournée ou exceptée, il sera pareillement procédé par experts à l'estimation des fermages qui devront être payés annuellement pour raison des objets susceptibles d'être vendus.

XXVI.

A compter de la publication du présent décret, les détenteurs des biens engagés ne pourront passer aucun bail desdits biens; il sera procédé à l'adjudication desdits baux pardevant le directoire du district de la situation des biens, à la requête des détenteurs, auxquels la jouissanee des fruits est conservée par le présent décret, et en présence du receveur des droits d'enregistrement, ou lui duement appelé.

XXVII.

L'assemblée nationale se réserve de confirmer ou de révoquer les sous-aliénations et acensemens faits par les détenteurs engagistes des biens nationaux, en vertu de contrats d'inféodation, baux à cens ou à rentes, autres que ceux des terres situées dans les forêts ou à cent perches d'icelles.

Et cependant les sous-aliénataires continueront de jouir des objets à eux aliénés, à la charge par eux de payer entre les mains du receveur du district, les cens et rentes dont ils sont affectés.

XXVIII.

Demeurent exceptés de la réserve ci-dessus, les sous-aliénations et acensemens faits par les seigneurs engagistes,

Des terres vaines et vagues au-dessous de dix arpens, mesure de roi;

Des terres défrichées en vertu des anciennes ordonnances, sur les lisières des forêts, sur les bords des grandes routes;

Des fossés et des terreins situés dans les villes et bourgs dont la population est au-dessous de mille ames, sur lesquels les sous-aliénataires ont fait un établissement quelconque.

Lesdites aliénations et acensemens sont confirmés et demeurent irrévocables en vertu du présent décret, pourvu qu'ils soient antérieurs au 1.er décembre 1790; à la charge par lesdits sous-aliénataires, 1.° de remettre dans les trois mois à compter du jour de la publication du présent décret, une copie sur papier timbré, collationnée par un notaire, au préposé de la régie dans l'arrondissement duquel les biens seront situés; une seconde copie au directoire du district de la situation desdits biens, devant lequel ils affirmeront sous le sceau du serment, que lesdits actes contiennent exactement toutes les sommes qu'ils ont données pour lesdites acquisitions; et dans le cas où les sommes qu'ils ont données, soit à titre de pot-de-vin ou deniers d'entrée, ne seraient point portées dans les actes, ils en feront leur déclaration, et y joindront les pièces justificatives qui seront en leur pouvoir.

2°. A la charge par les sous aliénataires, de faire, dans le même délai de trois mois, leur soumission de rembourser dans six années et en six paiemens égaux, les droits incorporels, fixes ou casuels, dont lesdits biens par eux acquis peuvent être tenus envers la nation, dans le cas où la nation justifiera de ses droits par les titres primitifs de concession.

La liquidation desdits remboursemens sera faite dans les formes et suivant les taux prescrits pour le remboursement des droits incorporels et casuels, par la loi du 20 mars 1791.

XXIX.

Le pouvoir exécutif fera présenter tous les trois mois à l'assemblée nationale, le compte des diligences qui auront été faites pour l'exécution du présent décret; il lui fera remettre en même-tems l'état des réunions qui auront été effectuées.

LOI

Sur les domaines aliénés, décrétée le 10 frimaire, l'an 2 de la république.

§ Ier.

Révocation de toutes les aliénations et engagemens des domaines et droits domaniaux.

Article Premier.

Toutes les aliénations et engagemens des domaines et droits domaniaux, à quelque titre que ce soit, qui ont eu lieu dans toute l'étendue actuelle du territoire de la république, avec clause de retour, ou sujette au rachat, à quelque époque qu'elles puissent remonter; celles d'une date postérieure au premier février 1566, quand même la clause de retour y serait omise, et celles résultantes des échanges non consommés, ou qui ont été consommés par l'ancien gouvernement, depuis le premier janvier 1789, autres que les aliénations qui ont été faites en vertu des décrets des assemblées nationales, sont et demeurent définitivement révoqués.

II.

Les aliénations que les ci-devant rois ont faites depuis le premier février 1566 des biens qu'ils possédaient hors du territoire français, les baux emphythéotiques, les baux à une ou plusieurs vies, et tous ceux au-dessus de neuf années, sont compris dans la révocation prononcée par l'article précédent.

III.

Sont exceptées les inféodations et acensemens de terres vaines et vagues, landes, bruyères, palus et marais, autres que celles situées dans les forets ou à cent perches d'icelles, pourvu qu'elles aient été faites sans dol ni fraude, et dans les formes prescrites par les réglemens en usage au jour de leur date, et qu'elles aient été mises et soient actuellement en valeur, les sous-aliénations et sous-acensemens faits par acte ayant date certaine avant le 14 juillet 1789, par les engagistes des terres de même nature, et sous les mêmes conditions; et les inféodations, sous-inféodations et acensemens dépendans des fossés et remparts des villes, justifiés par des titres valables, ou arrêts du conseil, ou par une possession paisible et publique depuis quarante ans, pourvu qu'il y ait été fait des établissemens quelconques, ou qu'ils aient été mis en valeur.

I V.

Le dol et la fraude pourront se prouver par la notoriété publique et par enquête, si les objets aliénés sous le nom de terres vaines et vagues, landes, bruyères, etc. étaient, lors de l'aliénation, des terreins en culture ou en valeur.

V.

Sont aussi exceptées les sous-aliénations faites par acte ayant date certaine avant le 14 juillet 1789, par les engagistes des terres défrichées, en vertu des anciennes ordonnances, sur les lisières des forêts et sur les bords des grandes routes; et les sous-aliénations faites aussi par acte ayant date certaine avant le 14 juillet 1789, les aliénations, même celles faites avec deniers d'entrée, des terreins épars, de contenance au-dessous de dix arpens, pourvu que tous ces objets soient actuellement possédés par des citoyens dont la fortune est au-dessous d'un capital de dix mille livres, non compris le montant de l'objet aliéné, pourvu qu'il ne s'élève pas à 10,000 livres.

V I.

Il ne pourra être opposé aucune autre exception que celles mentionnées aux articles précédens.

V I I.

Les exceptions portées aux articles III et V, n'auront lieu qu'envers les détenteurs qui rapporteront leurs certificats de résidence, de non émigration et de civisme.

§. I I.

De la prise de possession des domaines et droits domaniaux.

V I I I.

Aussitôt après la publication du présent décret, la régie

nationale du droit d'enregistrement et des domaines, prendra possession au nom de la nation, après en avoir référé aux directoires de district, et en avoir obtenu l'autorisation, de tous les biens mentionnés en l'article premier, sauf les exceptions portées par les articles III et V, quand bien même les détenteurs auraient satisfait aux formalités et fait les déclarations prescrites par les précédentes lois qui établissaient des exceptions.

IX.

Lorsqu'il se trouvera des forêts et bois dans l'étendue desdits domaines, la régie nationale de l'enregistrement et des domaines en préviendra les préposés à la conservation des bois et forêts, lesquels seront tenus d'en prendre de suite possession.

X.

A Paris, le procureur-général-syndic, et dans les districts le procureur-syndic de district, sont particulièrement chargés de la surveillance de la prise de possession mentionnée aux articles précédens, et de se faire rendre compte de l'exécution.

§. III.

Estimation lors de la prise de possession.

XI.

La régie nationale du droit d'enregistrement et des domaines fera constater par des experts, en présence des détenteurs, ou eux duement appellés, l'état actuel et l'estimation, d'après le prix courant en 1789, des domaines, bois, forêts et droits domaniaux, dont elle prendra possession ; les dégradations commises et la valeur des réparations à faire ; la valeur des coupes de bois anticipées ; celles des futayes exploitées ; les impenses et améliorations duement autorisées, soit par le contrat, soit postérieurement, avec clause expresse de remboursement, pourvu qu'elles soient justifiées.

XII.

Ces impenses et améliorations ne seront estimées que jusqu'à concurrence de la valeur dont les biens se trouveront augmentés, d'après l'estimation qui en sera faite lors de la prise de possession.

XIII.

Les experts estimeront et mentionneront, dans leur procès-verbal, quel a été, pendant les dix dernières années, le produit, année commune, desdits domaines ou droits domaniaux, déduction faite des contributions et redevances acquittées.

XIV.

Les experts estimeront et distingueront dans leur procès-verbal d'estimation;

La valeur, à l'époque de l'aliénation par le gouvernement, des objets sous-inféodés ou acensés par les engagistes, dont l'aliénation est maintenue par les exceptions portées aux articles III et V.

La valeur sur le pied du prix en 1789, des objets sous-inféodés ou acensés avec une autorisation légale, dont l'aliénation est révoquée par le présent décret: ils y joindront l'estimation des dégradations, réparations, améliorations et impenses, ainsi qu'il est prescrit par les articles précédens.

XV.

Les dispositions des décrets des 18 juin et 25 août 1792, et 17 juillet dernier, sur l'entière extinction du régime féodal, des privilèges et des impôts vexatoires, sont et demeurent applicables aux justices, droits féodaux, droits de traite et de gabelle, droits de messagerie, voitures d'eau, péages, et tous autres droits qui ont été supprimés sans indemnité, aliénés par l'ancien gouvernement, par engagement, échange ou autrement.

En conséquence, dans le cas où les titres d'aliénation comprendront les droits supprimés sans indemnité, les experts les exprimeront dans leur procès-verbal, et détermineront la valeur pour laquelle ils sont entrés dans lesdites aliénations.

X V I.

L'estimation des biens et les procès-verbaux seront rédigés de manière à pouvoir servir de base aux procès-verbaux d'enchère et d'adjudication qui auront lieu lors de la vente.

X V I I.

La minute du procès-verbal sera déposée au secrétariat de district, et il en sera délivré, sans frais, une expédition à la régie nationale du droit d'enregistrement et des domaines, et une aux détenteurs intéressés.

X V I I I.

Pour mettre les experts à même de remplir les obligations qui leur sont prescrites par les articles précédens, le détenteurs seront tenus de leur remettre, dans la décade après la sommation qui leur sera faite de suite par la régie nationale d'enregistrement, les titres d'aliénation et concession, quittances de finance, baux, cueilerets et autres actes ou titres relatifs à la régie et perception des fruits desdits biens, sous peine d'être déchus de toute répétition envers la république.

X I X.

Les frais d'estimation seront à la charge de la nation, et seront payés ainsi qu'il est prescrit par la loi du 6 juin dernier.

XX.

XX.

Lorsqu'il y aura des sous-aliénations autorisées par l'ancien gouvernement, ou maintenues par le présent décret, les détenteurs seront appelés par la régie nationale du droit d'enregistrement et des domaines, pour assister à l'estimation qui sera faite de leur partie par les mêmes experts.

XXI.

Les dispositions relatives à la prise de possession et estimation seront applicables aux domaines et droits domaniaux qui étaient détenus par les émigrés, par les déportés, ou par ceux dont la confiscation des biens aura été prononcée, afin de conserver les droits de leurs créanciers.

§. IV.

De la nomination des experts.

XXII.

Les experts seront au nombre de trois, dont un sera nommé par le directoire de district, l'autre par le juge de paix du canton où les biens sont situés, à la diligence de la régie du droit d'enregistrement et des domaines; le troisième sera nommé par le détenteur, dans la décade de la sommation qui lui sera faite sans délai par ladite régie, et à son défaut, il sera procédé par les deux experts seulement.

XXIII.

Les experts ne pourront être choisis que parmi les agriculteurs et artisans qui n'avaient pas d'autre état avant la révolution, et qui n'auront été ni agens ni fermiers des ci-devant privilégiés. Ils ne seront astreints à aucune forme de justice ni prestation de serment; ils seront tenus de terminer leurs opérations dans le mois, et leur procès-verbal ne sera sujet, ni au timbre, ni au droit d'enregistrement.

§. V.

Du jugement des contestations.

XXIV.

Les contestations qui pourront s'élever entre la régie nationale du droit d'enregistrement et des domaines et les détenteurs, sur la question de domanialité, ou toutes autres relatives à la prise de possession, estimasion et ventilation, seront instruites et jugées en présence et sur l'avis du procureur-syndic du district de la situation des biens, ainsi qu'il est prescrit par les lois rendues sur les communaux, sans que lesdites contestations puissent retarder ou empêcher la prise de possession.

XXV.

Les arbitres seront nommés, l'un par le directoire de district, à la diligence de la régie nationale du droit d'enregistrement et des domaines, l'autre par le détenteur, et à son défaut, dans la décade de la sommation qui lui en sera faite de suite par ladite régie, par le juge de paix du canton où les biens sont situés; et dans le cas de partage, le tiers-arbitre sera nommé, dans les trois jours, parledit juge de paix.

XXVI.

Le jugement des arbitres sera rendu dans le mois, et exécuté sans appel: cependant la régie nationaledu droit d'enregistrement et des domaines, et le procureur-syndic de district sont tenus, chacun de leur côté, de faire connaître au comité des domaines les décisions desdits arbitres, avec leur avis pour y être examinées ; et il y sera statué par le corps législatif, lorsque les intérêts de la république auront été lésés.

§. VI.

Des déclarations à fournir.

XXVII.

Afin de procurer à la régie nationale du droit d'enregistrement et des domaines, la connaissance des biens mentionnés au présent décret, les dépositaires publics ou particuliers, détenteurs des titres relatifs auxdits domaines ou droits domaniaux seront tenus d'en faire leur déclaration au directoire du district dans l'arrondissement duquel ils seront domiciliés, dans un mois de la publication du présent décret, sous peine d'être déclarés suspects, et, comme tels, mis en état d'arrestation.

XXVIII.

La régie nationale du droit d'enregistrement et des domaines prendra copie desdites déclarations; elle indiquera les détenteurs en retard, et se transportera de suite, accompagnée de deux commissaires surveillans nommés par le directoire de district, dans toutes les archives, dépôts et greffes publics, même dans les dépôts particuliers, pour y rechercher et se faire remettre, sur son récépissé, tous les titres, indications de titres ou documens relatifs auxdits domaines et droits domaniaux; elle les déposera avec un état au secrétariat du district de la situation des biens, et il lui en sera fourni décharge.

XXIX.

La régie nationale du droit d'enregistrement et des domaines est particulièrement chargée de faire faire, sous la surveillance des commissaires nommés par le département de Paris, aux archives du Louvre, des Petits-Pères, du bureau de comptabilité, et à toutes les archives, dépôts et greffes de Paris, les recherches nécessaires pour réunir et déposer aux archives nationales tous les titres domaniaux, où elle prendra tous les renseignemens qui lui seront nécessaires pour dresser les instructions qu'elle sera tenue d'adresser, sans délai, aux procureurs-syndics de district et à ses préposés dans les départemens.

XXX.

Au moyen des dispositions mentionées aux articles précédens, tous les agens salariés par la république pour la garde particulière des titres mentionnés au présent décret, soit à Paris, soit dans les départemens, sont supprimés; lesdits agens sont tenus de remettre, avant leur retraite, à la régie nationale du droit d'enregistrement et des domaines, sous la surveillance des commissaires nommés par les corps administratifs, tous les dépôts, états et renseignemens qu'ils peuvent avoir, sous peine d'être déclarés suspects, et, comme tels, mis en état d'arrestation.

XXXI.

Les détenteurs des domaines et droits domaniaux mentionnés en l'article premier, même ceux exceptés par les articles III et V, sont tenus d'en faire la déclaration, conformément au modèle annexé au présent décret, au directoire du district dans l'arrondissement duquel les biens sont situés, d'ici au premier jour de ventose, sixième mois de la seconde année républicaine (19 février 1794, *vieux style.*) ou dans la décade de la sommation qui leur en sera faite par la régie de l'enregistrement et des domaines; et faute par eux de la faire, ils sont dès-à-présent déchus de toute répétition envers la république et ceux dont la propriété devra être conservée d'après les dispositions du présent décret, seront en outre dépossédés.

XXXII.

Les détenteurs des droits incorporels féodaux aliénés

confusément avec des droits fonciers, qui ont déjà remis leurs titres à la liquidation générale, seront tenus de faire, dans le même délai, et sous les mêmes peines, une pareille déclaration.

Les experts procéderont de suite à la distinction et évaluation de ceux desdits droits supprimés sans indemnité, en la forme prescrite par les articles précédens.

XXXIII.

Afin de procurer aux détenteurs la connaissance plus directe des dispositions mentionnées aux deux articles précédens, la régie nationale du droit d'enregistrement et des domaines les fera connaître par un avis imprimé, qui sera affiché dans toutes les communes, et inséré dans les journaux du pays, lorsqu'il y en aura.

§. VII.

De la régie et vente des domaines aliénés.

XXXIV.

Tous les biens et droits domaniaux dans la possession desquels la république rentrera en vertu du présent décret, seront administrés, régis et vendus comme les autres domaines nationaux.

§. VIII.

Des états à fournir par les administrations, et des peines à leur infliger en cas de négligence.

XXXV.

La régie nationale du droit d'enregistrement et des domaines dressera un état, par chaque district, des biens situés dans leur territoire, qu'elle enverra au directoire de district; et un état général qu'elle fournira dans six mois, avec le montant de l'estimation des biens dont elle aura pris possession, à l'administrateur des domaines nationaux à Paris.

XXXVI.

Les préposés et administrateurs qui négligeront l'exécution qui leur est confiée par le présent décret, et qui ne l'auront pas terminée dans six mois, seront destitués de leur emploi, et responsables des dommages qui résulteront de leur négligence, soit à la république, soit aux détenteurs.

§. IX.

De la remise des titres et des déchéances.

XXXIII.

Les détenteurs des domaines et droits domaniaux qui seront dépossédés en vertu du présent décret, sont tenus de remettre au directeur-général de la liquidation, d'ici au premier jour de messidor, dixième mois de la seconde année républicaine, (19 juin 1594, vieux style), les originaux de leurs contrats d'aliénation, sous aliénations, quittances de finance, arrêts ou jugemens de confirmation et autres titres constatant leurs créances et leurs droits, ensemble l'expédition des procès-verbaux dressés par les experts, lors de la prise de possession par la régie nationale du droit d'enregistrement et des domaines; les décisions des arbitres en cas de contestation; les quittances, visées par les directoires de districts, des contributions et charges imposées sur lesdits domaines, pour les deux dernières années de jouissance; un certificat du directeur de la régie nationale du droit d'enregistrement et des domaines dans le département où les biens sont situés, de la remise de leur déclaration, et des titres et papiers relatifs à l'administration desdits biens, lequel constatera le jour de la prise de possession; et un mémoire signé d'eux ou de leur fondé de procuration contenant l'objet de leur demande et réclamation, leurs nom, prénom et adresse clairement désignés; et faute par eux de faire cette remise dans le délai prescrit, ils sont dès-à-présent déchus de toute répétition envers la république.

XXXVIII.

Ceux qui ont déjà produit des titres à la liquidation, qui leur sont nécessaires pour procéder aux estimations et ventilations, sont autorisés à les retirer; et ils seront tenus de compléter leur production, ainsi qu'il est prescrit par l'article précédent, et sous les mêmes peines.

XXXIX.

Les duplicata des quittances de finance tirées du registre du contrôle pourront remplacer les originaux.

XL.

Les contrats d'aliénation des domaines nationaux, quittances de finance et autres titres qui se trouveront chez des notaires et autres pour servir de gage et d'hypothèque, seront remis par les dépositaires aux agens publics, à la charge de notifier, lors de la remise, les oppositions et autres actes faits entre leurs mains.

XLI.

Le directeur-général de la liquidation et la régie nationale se concerteront pour dresser, après les délais fixés pour la déchéance, la liste des détenteurs qui, faute d'avoir remis leurs titres, sont déchus de toute répétition envers la république; ils l'adresseront sans délai aux directoires de district, qui poursuivront les détenteurs en retard pour la remise de leurs titres; et en cas de refus, les directoires de district les feront arrêter comme suspects.

§. X.

Liquidation, paiement ou inscription des créances provenant des domaines aliénés.

XLII.

Le directeur-général, en procédant à la liquidation, admettra :

Les quittances des trésoriers de l'ancien gouvernement, justificatives des sommes versées au trésor public pour finance principale d'aliénation, rachat des charges exigées, droit de confirmation établi à titre d'augmentation ou supplément de finance, sous pour livre, supplément ou accessoires de finance, compris dans les quittances du trésor public ;

Les impenses et améliorations portées dans les procès-verbaux des experts, d'après les bases et dans les cas énoncés par les articles XI et XII.

Le montant des frais justifiés, et que l'ancien gouvernement s'est expressément et textuellement chargé de rembourser, par les titres de concession, engagement et autres actes.

XLIII.

Si, au lieu de fournir des espèces au trésor public, les détenteurs avaient remis des titres de créance ou d'indemnité réclamée, la liquidation n'en sera faite que jusqu'à concurrence de la légitimité desdites répétitions duement justifiées.

XLIV.

Aucune taxe ni aucun droit de confirmation consistant en rentes annuelles, portions ou années du revenu des biens aliénés, n'entreront en liquidation, en principal, ni accessoires.

XLV.

Les acquéreurs sur revente recevront le montant des remboursemens qu'ils justifieront avoir faits aux précédens aliénataires, en conformité des liquidations régulières qui auront eu lieu.

XLVI.

Le directeur-général de la liquidation rejettera et déduira sur le montant des liquidations, la somme à laquelle les procès-verbaux des experts auront évalué le montant des droits mentionnés en l'article XV; celle des dégradations et réparations à la charge des détenteurs, et celle des sous-inféodations et acensemens autorisés par l'ancien gouvernement, ou maintenus par le présent décret.

XLVII.

Si les aliénations ont été faites par baux à vie ou au-dessus de neuf ans, les finances ou deniers d'entrée ne seront remboursés que dans la proportion du tems qui sera retranché de la jouissance, qui demeure fixée à trente années pour un bail à vie, et à quarante années pour celui sur plusieurs têtes.

XLVIII.

S'il résulte du procès-verbal des experts, que le revenu des domaines aliénés, pendant les dix dernières années réunies, équivaut au montant de la liquidation, il n'y aura lieu à aucun remboursement, à moins que les détenteurs ne prouvent, par titres suffisans, que ce revenu provient des réparations et améliorations qu'ils ont faites pendant cette époque.

XLIX.

Les intérêts du montant des liquidations seront alloués à raison de quatre pour cent, sans retenue, à compter du jour de la dépossession.

L.

Les rapports sur les liquidations seront faits par le direc-général au comité de liquidation, qui les soumettra au corps législatif.

L I.

Le montant de la liquidation et des intérêts sera payé ou inscrit sur le grand-livre, ainsi qu'il est prescrit, pour la dette exigible, par la loi du 24 août dernier, et lois subséquentes sur la consolidation de la dette publique.

§. XI.

Dérogations aux anciennes lois.

L I I.

Les comités des domaines et des finances sont chargés de présenter incessamment un projet de loi relatif aux échanges consommés, et aux dispositions de la loi du 1er. décembre 1790, relative auxdits échanges, qui seront susceptibles d'être révoqués.

L I I I.

Toutes les lois relatives aux domaines aliénés ou engagés, et à la liquidation de leurs finances, sont révoquées : les contestations indécises seront instruites et jugées ainsi qu'il est prescrit par le présent décret.

L I V.

Le présent décret sera imprimé dans le bulletin de demain.

DÉCRET

Qui suspend l'exécution de la loi du 10 frimaire, en ce qui concerne les aliénations à condition de bâtir ou démolir.

Du 30 ventôse, an 2 de la république.

La convention national, sur la proposition d'un membre, suspend l'exécution de la loi du 10 frimaire, en ce qui concerne les aliénations à condition de bâtir ou démolir, et charge ses comités d'aliénation et des finances de lui faire incessamment un rapport sur ces objets.

LOI

Qui suspend l'exécution de celle du 10 frimaire de l'an second, concernant les domaines aliénés.

Du 22 frimaire, an 3 de la république.

La convention nationale, après avoir entendu un rapport fait par un de ses membres au nom du comité des finances, qui propose un projet de décret sur les réclamations élevées contre la loi du 10 frimaire de l'an second, concernant les domaines aliénés, renvoie au comité des finances l'examen de la loi du 10 frimaire, celui du projet présenté et des observations faites par différens membres; charge ce comité de présenter un nouveau projet de loi sur les domaines aliénés, et suspend l'exécution de celle du 10 frimaire.

DÉCRET

Qui suspend l'exécution du décret du 10 frimaire en ce qui concerne les aliénations de petites portions de terrain à cens et rente.

Du 24 germinal, an 3 de la république.

La convention nationale, après avoir entendu le rapport de son comité d'aliénation, suspend l'exécution du décret du 10 frimaire en ce qui concerne les aliénations à cens et rente, de petites portions de terrain, faites par les ci-devant rois ou engagistes; et charge ses comités d'aliénation et des finances réunis de lui faire incessamment un rapport sur les exceptions ou modifications que peut exiger ladite loi.

LOI

Portant que les échangistes dépossédés seront rétablis dans la jouissance des objets par eux donnés en échange.

Du 7 nivôse, an 5 de la république.

ARTICLE PREMIER.

Les échangistes dépossédés depuis la loi du 10 frimaire, an 2, sans avoir été rétabli dans la jouissance des objets cédés en échange par eux ou par leurs auteurs, seront réintégrés sur le champ, par les administrations centrales, dans les biens dont il ont été dépouillés, sans préjudice des droits de la nation, et de ceux des échangistes, qui les feront valoir ainsi qu'il appartiendra.

Signé, QUINETTE, *président* ;

LECOINTE-PUYRAVEAU, HARDY, G. MALÈS, *secrétaires*.

LOI

RELATIVE aux domaines engagés par l'ancien gouvernement.

Du 14 ventose, an 7.

LE conseil des anciens adoptant les motifs de la déclaration d'urgence qui précède la résolution ci-après, approuve l'acte d'urgence.

Suit la teneur de la déclaration d'urgence et de la résolution du 22 frimaire, an 7.

Le conseil des cinq-cents considérant qu'il importe à l'intérêt public comme à l'intérêt particulier, qu'il soit promptement et définitivement statué sur les domaines concédés par l'ancien gouvernement,

Déclare qu'il y a urgence,

Et après avoir déclaré l'urgence, prend la résolution suivante :

ARTICLE PREMIER.

Les aliénations du domaine de l'Etat, consommées dans l'ancien territoire de la France avant la publication de l'édit de février 1566, sans clause de retour ni réserve de rachat, demeurent confirmées.

II.

En ce qui concerne les pays réunis postérieurement à la publication de l'édit de février 1566, les aliénation de domaines faites avant les époques respectives des réunions, seront réglées suivant les lois lors en usage dans les pays réunis, ou suivant les traités de paix ou de réunion.

III.

Toutes les aliénations du domaine de l'Etat contenant clause de retour ou réserve de rachat, faites à quelque titre que ce soit, à quelque époque qu'elles puissent remonter, et en quelque lieu de la République que les biens soient situés, sont et demeurent définitivement révoquées.

IV.

Toutes autres aliénations, même celles qui ne contiennent aucune clause de retour ou de rachat, faites et consommées dans l'ancien territoire de la France postérieurement à l'édit de février 1566, et, dans les pays réunis, postérieurement aux époques respectives de leur réunion, sans autorisation des assemblées nationales, sont et demeurent révoquées, ainsi que les sous-aliénations qui peuvent les avoir suivies, sauf les exceptions ci-après.

V.

Sont exceptés des dispositions de l'article IV,

1°. Les échanges consommés légalement et sans fraude

avant le premier janvier 1789, pour les pays qui, à cette époque, faisaient partie de la France, et, avant les époques respectives des réunions, quant aux pays réunis postérieurement audit jour premier janvier 1789;

2°. Les aliénations qui ont été spécialement confirmées par des décrets particuliers des assemblées nationales, non abrogés ou rapportés postérieurement;

3°. Les inféodations et acensemens de terres vaines et vagues, landes, bruyères, palus et marais non situés dans les forêts ou à sept cent quinze mètres d'icelles (100 perches environ), pourvu que les inféodations et acensemens aient été faits sans fraude, et dans les formes prescrites par les réglemens en usage au jour de leur date, et que ses fonds aient été mis et soient actuellement en valeur, suivant que le comportent la nature du sol et la culture en usage dans la contrée;

4°. Les aliénations et sous-aliénations ayant date certaine avant le 14 juillet 1789, faites avec ou sans denier d'entrée, de terrains épars quelconques au-dessous de la contenance de 5 hectares, pourvu que lesdites parcelles éparses de terrains ne comprissent, lors des concessions primitives, ni des maisons appelées châteaux, moulins, fabriques ou autres usines, à moins qu'il n'y eût condition de les démolir et que cette condition n'ait été remplie, ni dans les villes, des habitations actuellement comprises aux rôles de la contribution foncière au-dessus de 40 francs de principal;

5°. Les inféodations, sous-inféodations, et acensemens de terrains dépendans des fossés murs et remparts de villes, justifiés par des titres valables, ou par arrêt du conseil, ou par une possession paisible et publique de quarante ans, pourvu qu'il y ait été fait des établissemens quelconques, ou qu'ils aient été mis en valeur.

VI.

En conformité de l'article XIX de la loi du premier décembre 1790, les échanges ne seront censés légalement consommés dans les pays formant la France au premier janvier 1789, qu'autant que toutes les formalités rappelées par ledit article auront été accomplies en entier; et en ce qui concerne les pays réunis, qu'autant qu'on aura observé les lois qui y étaient en vigueur.

VII.

Les échanges consommés pourront être révoqués ou annullés, malgré l'observation exacte des formes prescrites, s'il s'y trouve fraude, fiction ou simulation prouvée par la lésion du quart, eu égard au tems de l'aliénation.

VIII.

Dans le cas où un contrat d'aliénation, inféodation, bail ou sous-bail à cens ou à rente, porterait à-la-fois sur des terrains désignés comme vains et vagues, landes, bruyères, palus, marais et terrains en friche, et sur des terres désignées comme étant cultivées ou autrement en valeur, sans énonciation de contenance, ou sans distinguer la contenance des uns et des autres, la révocation aura lieu pour le tout.

IX.

Si les objets aliénés sous le nom de terres vaines et vagues, landes, bruyères, palus et marais, étaient, lors de l'aliénation, des terrains en culture ou en valeur, la frauduleuse qualification pourra se prouver par la notoriété publique et par enquête, ou par actes écrits mis en opposition avec l'acte qui contient l'aliénation.

X.

X.

Cette frauduleuse qualification sera légalement présumée, et donnera lieu de plein droit à la révocation, si les aliénations dont il est parlé en l'article précédent ont été faites à des *ci-devant gentilshommes titrés*, *ou autres personnes ayant charge à la cour*; sans néanmoins que ladite révocation puisse atteindre les sous-inféodataires, à moins qu'ils ne réunissent les mêmes qualités.

X I.

L'exception portée au §. V de l'article V ne s'applique pas aux inféodations, dons ou concessions faits par un seul acte, et en entier, de tous les murs, remparts et fortifications d'une ville, ou de tous les terrains en dépendans : en ce cas, le sort desdites concessions sera réglé par les articles I, II, III et IV de la présente, sans préjudicier toutefois à l'exécution dudit §. V, relativement aux parcelles qui seraient possédées par des sous-concessionnaires.

X I I.

Les mêmes articles I, II, III et IV, s'appliquent aux biens que l'engagiste aurait pu réunir par puissance féodale, ou à titre de retrait féodal ou censuel résultant de son contrat d'aliénation.

X I I I.

Les engagistes qui ne sont maintenus par aucun des articles précédens, et même les échangistes dont les échanges sont déjà révoqués ou susceptibles de révocation, sont tenus, à peine d'être déchus de la faculté portée en l'article suivant, de faire, dans le mois de la publication de la présente, à l'administration centrale du département où sont situés les biens ou la majeure partie des biens engagés ou échangés, non encore vendus par la nation ni soumissionnés en exécution de la loi du 28 ventôse an 4 et autres y relatives, la déclaration générale des fonds faisant l objet de leur engagement, échange ou autre titre de concession.

X I V.

Ceux qui auront fait la déclaration ci-dessus, pourront, dans le mois suivant, faire, devant la même administration, la soumission irrévocable de payer en numéraire métallique le quart de la valeur desdits biens, estimés comme il sera dit ci-après, avec renonciation à toute imputation, compensation ou distraction de finance ou amélioration.

En effectuant cette soumission, ils seront maintenus dans leur jouissance, ou réintégrés en icelle s'ils ont été dépossédés et que lesdits biens se trouvent encore sous la main de la nation ; déclarés en outre et reconnus propriétaires incommutables, et en tout assimilés aux acquéreurs de biens nationaux aliénés en vertu des décrets des assemblées nationales.

X V.

En faisant la soumission énoncée en l'article précédent, ils seront tenus de nommer leurs experts, et de déposer l'état, signé d'eux ou de leur procureur constitué, touchant la consistance des biens qu'ils entendent conserver, leur situation, leur nature au tems de la concession, leur état actuel et leur produit, sans pouvoir être reçus à faire leur soumission autrement que sur la totalité du domaine ou des domaines compris dans le même titre, ou sur la totalité de ce qui en reste en leur possession, le tout à peine de nullité de ladite soumission.

Le présent article, ainsi que le XIIIe et le XIVe, ne s'appliquent point aux concessions de forêts au-dessus de 150 hectares, ni de terrains enclavés dans les forêts nationales, ou à 715 mètres d'icelles, sur lesquelles il sera définitivement statué par une résolution particulière.

XVI.

La valeur des biens dont il s'agit aux trois articles précédens, sera réglée, aux frais de l'engagiste ou échangiste soumissionnaire, par trois experts nommés, savoir, l'un par ledit soumissionnaire, en la forme portée par l'article XV, le second par le directeur des domaines, et le troisième par l'administration centrale dans le ressort de laquelle les biens ou la majeure partie d'iceux sont situés; ces deux derniers experts seront nommés dans la décade de la soumission, à la diligence de la régie des domaines.

XVII.

Ces experts ne pourront à peine de nullité, être pris parmi les citoyens détenteurs de biens nationaux susceptibles de retrait, ou dépossédés en vertu de la loi du 10 frimaire an 2, ou qui ont été ci-devant nobles, ou qui sont agens ou fermiers desdits détenteurs, ci-devant détenteurs, ou ci-devant nobles.

Celui qui étant, à sa connaissance, dans l'exclusion, ne le déclarera pas et procédera à l'estimation, sera condamné à 300 fr. d'amende par voie de police correctionnelle, à la diligence du receveur des domaines, sans préjudice des dommages-intérêts des parties.

XVIII.

Tout détenteur ou ci-devant détenteur qui sera convaincu d'avoir donné, ou tout expert d'avoir reçu, en argent ou présens, quelque chose au-delà des vacations réglées par l'administration du département, sera par la même voie et à la même diligence, condamné en 1000 francs d'amende envers la république, et à un emprisonnement qui ne pourra excéder une année, ni être moindre de trois mois.

XIX.

Il sera procédé à l'estimation de la manière qui suit; savoir,

Pour les maisons, usines, cours et jardins en dépendans:

Par une première opération, les experts les estimeront d'après leurs connaissances locales, et relativement au prix commun actuel des biens dans le lieu ou les environs;

Par une seconde, relativement au prix commun de 1790, en formant un capital de seize fois le revenu dont lesdits objets étaient susceptibles, sans considérer les baux à ferme ou à loyer, s'ils ne s'élevaient pas au véritable prix;

Par une troisième, s'il y avait des baux en 1790, lesdites maisons et usines, les cours et jardins en dépendans, seront évalués sur le pied de leur valeur en 1790, calculée à raison de seize fois leur revenu net;

Et pour les terres labourables, prés, bois, vignes et tous autres terrains:

Par une première opération, les experts estimeront la valeur d'après leurs connaissances locales et relativement au prix commun actuel des biens de même nature dans le lieu ou les environs;

Par une seconde, ils estimeront la valeur d'après le montant de la contribution foncière de 1793, en prenant pour revenu net d'une année, quatre fois le montant de cette contribution, et en multipliant la somme par vingt;

Et par une troisième, s'il y avait des baux existans en 1790, la valeur sera fixée sur le pied de la même année, et calculée à raison de vingt fois le revenu d'après lesdits baux.

A l'égard de ce dernier cas et de ceux non prévus ci-dessus, les experts se conformeront au §. III de la loi en forme d'instruction, du 6 floréal an 4, relative à l'exécution de celle du 28 ventôse précédent.

Les experts motiveront leur rapport sur chacune des bases ; et les administrations dans leurs arrêtés, en énonceront les résultats, se fixeront à celui qui sera le plus avantageux pour la république, et en feront mention expresse : le tout à peine de nullité.

X X.

Le quart de la valeur du terrain estimé d'après les règles portées en l'article précédent, sera acquitté dans le mois de la date de l'arrêté de l'administration qui en aura fixé le montant d'après le rapport des experts ; savoir, un tiers en numéraire, et les deux autres tiers en obligations ou cédules acquittables aussi en numéraire, savoir, un tiers dans deux mois, à courir de l'expiration du premier terme, et l'autre tiers, aussi dans deux mois, à courir de l'expiration du second terme : le tout avec intérêt sur le pied de cinq pour cent par an, à compter du jour de la prise de possession à l'égard de ceux qui avaient cessé d'être détenteurs, et à compter du jour de l'arrêté ci-dessus à l'égard des autres.

X X I.

Aussitôt après la soumission autorisée par les articles XIV et XV, le soumissionnaire pourra vendre des biens compris en la soumission, pour payer le quart de l'estimation à régler d'après l'article XIX ; mais à la charge d'imposer à l'acquéreur la condition expresse de verser en numéraire dans la caisse du receveur des domaines nationaux, dans les délais fixés par l'article précédent, le prix de son acquisition jusqu'à concurrence de ce qui sera dû à la république pour le montant de ladite estimation. Le versement sera fait nonobstant toutes oppositions qui pourraient avoir lieu entre les mains des acquéreurs ; au moyen de quoi, ceux-ci demeureront subrogés aux droits de propriété de la nation, et affranchis des hypothèques du chef de leur vendeur, comme les autres acquéreurs de domaines nationaux.

Néanmoins, si le prix de la vente faite par l'engagiste était inférieur au montant de l'estimation ordonnée par l'article XIX, la république conservera pour l'excédant son privilége et son hypothèque, même sur la chose vendue, jusqu'au paiement intégral du quart dû par l'engagiste, sans être tenue de poursuivre l'inscription de sa créance aux registres publics de la conservation des hypothèques.

XXII.

A l'égard de tous engagistes ou échangistes non maintenus, et qui n'auraient pas fait la déclaration prescrite par l'article XIII de la présente, ou qui, après l'avoir faite, ne se seraient pas présentés pour faire la soumission autorisée par les articles XIV et XV, la régie des domaines nationaux, immédiatement après l'expiration du mois qui suivra la publication de la présente, en ce qui concerne les premiers, ou du mois qui suivra la déclaration non-suivie de soumission, en ce qui concerne les seconds, leur fera signifier copie des titres primitifs, récognitifs ou énonciatifs, tendant à établir les droits de la nation ; avec déclaration que, dans le délai d'un mois à dater de la signification, elle poursuivra la vente des biens y énoncés, lesquels ne pourront être des biens qui auraient été soumissionnés en exécution de la loi du 28 ventôse an 4 et autres y relatives.

Elle les interpellera par le même acte, de nommer, dans la décade, un expert pour procéder aux opérations préparatoires ci-après détaillées, conjointement avec l'expert qui sera nommé par la régie, et celui qui le sera par l'administration centrale du département de la situation des biens.

XXIII.

Ces experts procéderont, dans les deux décades suivantes, à la vue des titres, mémoires et renseignemens qui leur seront respectivement remis ; 1°, à l'estimation du capital, d'après les règles posées en l'article XIX ; 2°. à l'estimation du revenu annuel ; 3°. à celle des améliorations, s'il y en a, en observant qu'elles ne doivent être estimées que jusqu'à concurrence de la valeur dont les biens se trouvent augmentés ; 4°. à l'évaluation des dégradations, s'il y a lieu ; 5°. enfin, à l'estimation des fruits perçus et recueillis par le ci-devant détenteur, depuis et compris l'année 1791 (*vieux style*) à moins qu'il ne justifie avoir fait la déclaration prescrite par la loi du premier décembre 1790.

Les experts distingueront chacune de ces opérations dans leur rapport : si l'engagiste avait négligé d'en nommer un, ou si son expert nommé ne se réunissait point aux autres au jour indiqué par sommation, il sera passé outre par ceux-ci.

XXIV.

Les articles XVII et XVIII de la présente s'appliquent aux experts qui seront nommés en exécution de l'article précédent.

XXV.

Après la remise du rapport des experts, et toutefois après l'expiration du délai d'un mois à dater de la signification prescrite par l'article XXII, les biens seront mis en vente par affiches et enchères faites conformément aux lois des 16 brumaire an 5 et 26 vendémiaire dernier.

En conséquence, la première mise à prix des biens ruraux sera de huit fois le revenu annuel ; celle des maisons, bâtimens et usines servant uniquement à l'habitation et non dépendans de fonds de terre, sera de six fois le revenu annuel.

XXVI.

Si, après l'adjudication faite dans les délais et formes ci-dessus, le ci-devant détenteur élevait quelques prétentions relatives à la propriété, elles se résoudront de plein droit en indemnités sur le trésor public, s'il y échet.

XXVII.

Si, dans le mois qui suivra la signification des titres, le détenteur les soutient inapplicables ou insuffisans, ou s'il prétend être placé dans les exceptions de la présente, ou si de toute autre manière il s'élève des débats sur la propriété, il y sera prononcé par les tribunaux, après néanmoins qu'on se sera adressé par voie de mémoires, aux corps administratifs, conformément à la loi du 5 novembre 1790; mais en ce cas, soit le tribunal de première instance, soit celui d'appel, devront, chacun en ce qui le concerne, procéder au jugement, sur simples mémoires respectivement remis, dans le mois, à dater de l'expiration des délais ordinaires de la citation.

XXVIII.

Il n'est rien changé par la présente aux attributions de l'autorité administrative en ce qui concerne purement et simplement les liquidations de droits et créances prétendus par des particuliers envers la république.

XXIX.

Il sera procédé à la liquidation des indemnités que l'engagiste pourrait réclamer, à la vue des quittances de finances, rapports d'experts, et de tous autres titres et documens, de la même manière qu'il est observé pour les autres créanciers de la république : la remise des titres sera faite dans trois mois pour tout délai.

X X X.

Le prix de l'adjudication qui sera faite en exécution de l'article XXV, sera en totalité payable en numéraire métallique ; les paiemens seront divisés comme il suit :

1°. Le quart de la valeur du terrain estimé, d'après les articles XIX et XXIII de la présente, sera acquitté entre les mains du receveur des domaines nationaux, dans les dix jours qui suivront l'adjudication, savoir, le premier tiers en numéraire, et les deux autres tiers en obligations ou cédules payables aussi en numéraire, savoir, le second tiers dans le délai de deux mois, et le dernier tiers dans quatre mois ; le tout à dater de la souscription des cédules, avec intérêt sur le pied de cinq pour cent par an jusqu'au paiement effectif;

2°. Le surplus du prix de l'adjudication restera entre les mains de l'acquéreur pour fournir jusqu'à due concurrence, soit aux indemnités de l'engagiste, soit aux plus amples reprises de la république: il ne sera exigible qu'après la liquidation de ces indemnités, et sera payable en trois portions égales, de trois en trois mois, à partir de la notification qui sera faite à l'acquéreur, de l'arrêté définitif de la liquidation : l'on ajoutera au dernier paiement tous les intérêts qui auront couru jusqu'alors sur le même pied de cinq pour cent par an.

X X X I.

Si, par le résultat de la liquidation énoncée en l'article XXIX, le ci-devant concessionnaire n'était reconnu créancier que d'une partie de la somme restée aux mains de l'acquéreur, il sera d'abord remboursé sur le premier terme des deniers mis en réserve par l'article précédent, subsidiairement sur les second et troisième ; et la république ne touchera l'excédent, qu'après qu'il aura été remboursé.

XXXII.

S'il arrivait qu'il fût dû au ci-devant concessionnaire au-delà de la somme restée en dépôt, il la retirera en entier, et sera remboursé du surplus de sa liquidation comme les autres créanciers de l'État ; savoir, deux tiers en bons de deux tiers, et l'autre tiers en bons du tiers consolidé.

XXXIII.

Il n'est rien statué ni préjugé par la présente ;

1°. Sur les concessions faites à vie seulement, ou pour un tems déterminé, soit par baux emphytéotiques, soit par baux à cens ou à rentes ;

2°. Sur les concessions de terrains, à quelque titre que ce soit, faites dans les colonies françaises des deux Indes ;

3°. Sur la nature des îles, îlots et attérissemens formés dans le sein des fleuves et rivières naviguables, non plus que des alluvions y relatives, ni des lais et relais de la mer.

Il sera statué sur ces divers objets par des résolutions particulières.

XXXIV.

Il n'est, par la présente, porté aucune atteinte à l'exécution des lois des 28 août 1792, 10 juin 1793, et autres relatives aux biens appartenant aux communes ou sections de commune, et aux revendications de biens usurpés par la puissance féodale.

Dans le cas où il y aurait procès pendant entre une commune et un engagiste relativement au fond du droit sur les biens concédés par l'ancien gouvernement, les dispositions de la présente et les délais établis par elle ne courront contre l'engagiste qu'à dater du jugement définitif qui pourrait confirmer sa possession vis-à-vis de la commune, sauf l'intervention de la régie des domaines audit procès, s'il y a lieu.

XXXV.

Il n'est point dérogé par la présente aux droits et actions qui peuvent compéter à la république contre les concessionnaires ou sous-concessionnaires maintenus purement et simplement en possession par l'article V, à raison des redevances et prestations assignées sur les fonds, et qui n'auraient pas été frappées d'abolition par les lois nouvelles.

XXXVI.

Les précédentes lois sont abrogées en ce qu'elles ont de contraire à la présente.

XXXVII.

La présente résolution sera imprimée.

Signé SAVARY, *président*;
DUVINCK-THIERRY, RICHARD (des Vosges),
DORMIR, GOURLAY, *secrétaires*.

Après une seconde lecture, le conseil des anciens approuve la résolution ci-dessus. Le 14 ventôse an 7, de la république française.

Signé DELACOSTE, *président*;
JAVARDAT-FOMBELLE, MAUPETIT, BOUTEVILLE,
CAILLY, *secrétaires*.

LOI

Du 17 ventôse, an 7.

ARTICLE PREMIER.

Les sommes provenant des soumissions ou ventes à faire en exécution de la loi du 14 ventôse an 7, relatives aux domaines engagés, sont affectées aux dépenses extraordinaires de l'an 7.

I I.

Le directoire exécutif fera connaître chaque mois au corps législatif le montant des ventes et soumissions, et l'état effectif de ce qui aura été versé au trésor public.

ORIGINE
DU DOMAINE
DE L'ÉTAT.

PREMIÈRE PARTIE.

Le domaine de l'Etat s'est formé en même-tems que la monarchie des terres conquises sur les Romains ; ses revenus étaient affectés aux dépenses du gouvernement. Sous la troisième race, à l'époque où a été consacré le principe de l'inaliénabilité, le domaine s'est accru par la réunion successive des droits régaliens, des acquisitions, échoites, confiscations, aubaines, épaves, déshérences, bâtardises, etc.

Pour bien connaître l'origine et les progrès du domaine de l'Etat, il faut distinguer trois époques dans la monarchie.

La première, antérieure à l'établissement des Français dans les Gaules. Alors il n'existait pas de propriété privée ; les vainqueurs ne reconnaissaient qu'une jouissance dans les mains des cultivateurs. Tout fond de terre était considéré appartenir à l'Etat, soit comme domaine utile, soit comme domaine direct, c'est-à-dire, que l'Etat était véritablement possesseur des uns, et qu'il prélevait sur les autres des droits personnels et réels, qui, dans le système féodal, apporté de la Germanie, ont été appellés domaines directs, et successivement, directe seulement du domaine utile de l'Etat. Il en était fait chaque année une nouvelle distribution par communautés et par familles, proportionnée au nombre de bras qu'elles pouvaient employer; chaque particulier avait sa part, suivant son rang et sa condition.

La seconde époque, date de l'origine de la monarchie en France, on divisa les terres entre les habitans, à la réserve de quelques portions qui furent attribuées aux communes pour en jouir en commun, et c'est ainsi que la propriété patrimoniale fut consacrée. Dans ce partage, on assigna au prince une portion considérable comme patrimoine sacré et inviolable, pour soutenir sa dignité et satisfaire aux charges de l'Etat. Des revenus de ces domaines ont vécu les rois jusqu'à l'établissement des impôts. Ils étaient alors les maîtres de les inféoder à tems ou à vie, même pour toujours, ce qui n'opérait pas une distraction véritable du domaine. Par la nature des fiefs, le domaine direct demeurait toujours dans la main du roi, et le domaine utile devenant le prix ou la récompense des services de fief, se trouvait employé d'une manière avantageuse, utile à l'Etat; l'investiture et les droits dûs aux mutations, équivalaient d'ailleurs à la faculté de rachat perpétuel.

La troisième époque, doit être fixée à 1566. Alors, en effet, avec les inféodations, cessèrent les dons à perpétuité des terres et droits faisant partie du domaine de l'Etat. Ce n'est pas que long-tems avant, comme on le verra dans la seconde partie de cet ouvrage, le principe de l'inaliénabilité du domaine n'eût été consacré. Mais jusques-là, les lois n'avaient pas établi d'une manière assez précise ce qu'était le domaine de la couronne.

Suivant l'article II de l'édit de Charles IX, donné à Moulins au mois de février 1566, le domaine de la couronne est entendu celui qui est expressément consacré, uni et incorporé à la couronne, ou qui a été tenu et administré par les receveurs et officiers royaux pendant l'espace *de dix ans*.

Mais tous les domaines n'étaient pas de la même nature. A son avènement à la couronne, le prince devait nécessairement confondre ses propriétés particulières avec celles dont il prenait l'administration. De-là, la réunion de plein droit au domaine de l'Etat, non-seulement de ses biens patrimoniaux, mais même de ceux qui lui advenaient, soit à titre d'hérédité postérieurement à son avènement au trône, soit à titre de conquêtes.

Les biens acquis par échoite, faisaient exception à la règle générale. Le prince pouvait en disposer comme d'un domaine privé, et pour en effectuer la réunion, il fallait, ou qu'il le déclarât expressement, ou qu'ils eussent été régis confusément pendant dix ans, avec les biens du domaine.

Les biens que les rois acquéraient de leurs deniers, étaient censés achetés avec les fonds du trésor public, surtout depuis que les charges de l'Etat étaient acquittées sur le produit des impôts; ils ont dû être considérés comme réunis de plein droit au domaine de l'Etat. Pour empêcher cette réunion, il fallait que l'on déclarât dans le contrat d'acquisition, que le roi entendait jouir de l'objet acquis *particulièrement*, et sans incorporation au domaine; à défaut de cette formalité, le domaine acquis devenait *ipso facto*, domaine de l'Etat comme représentatif de valeurs converties.

De ces premiers principes naît la distinction nécessaire entre les biens privés du roi, et les domaines de la couronne. Dans ces dernier, sil faut encore distinguer ceux qui lui étaient donnés en jouissance, comme chef de la nation, pour soutenir l'éclat du trône et la dignité de l'empire; et ceux qui, nécessaires à l'utilité de tous, reposaient sous sa main protectrice, plutôt que dans sa main usufruitière.

Nous croyons donc devoir le diviser entre domaine de la couronne et domaine public.

Le domaine de la couronne, proprement dit, se composait de tous les biens fonds, rentes foncières, et acquisitions du prince, soit par échoites, épave, déshérence, confiscation, soit par achat, acquisition, soit déclaration expresse de réunion.

Le domaine public comprenait les chemins, fleuves et rivières navigables, les places publiques, murs, fossés, remparts et tous lieux servant ou ayant servi aux clôtures et fortifications des villes.

Ces deux divisions expliquent les aliénations qui ne pouvaient être faites que pour l'intérêt de tous; et celles qui, dans la main du prince étaient des moyens de faveur ou de récompense. Elles justifient d'avance les motifs qui ont déterminé les législateurs dans les exceptions.

Suivant les anciens principes, on distinguait encore les grands et les petits domaines.

Sous la dénomination des premiers, on comprenait les terres et seigneuries qui avaient haute, moyenne et basse justice, comme les duchés, principautés, comtés, marquisats, vicomtés, baronies, châtellenies, etc.

On entendait par petits domaines, les objets séparés des grandes terres ou seigneuries, les portions de domaines mêlées avec les biens des particuliers, et démembrés des grands domaines par dons, concessions ou inféodations.

La connaissance des différentes espèces de domaines que l'on devait comprendre sous la dénomination générale de domaine national, appelle celle de la nature des différens droits qui l'ont successivement accru.

DROITS

DROITS DOMANIAUX.

Les premiers sont les droits d'aubaine et bâtardise, supprimés par la loi du 25 août 1792; les autres, ceux d'épave, confiscation et déshérence. Ils appartenaient au chef de l'Etat, ou comme souverain, ou comme haut-justicier.

Aubaine. Le roi, comme souverain et chef de l'Etat, succédait aux biens qui, en France, se trouvaient appartenir aux étrangers décédés sans enfans, nés dans le royaume en légitime mariage. Il héritait aussi des biens des étrangers naturalisés, s'ils n'avaient pas disposés de leurs biens, soit entre-vifs, soit par testament, ou laissé d'héritiers, soit régnicoles, soit naturalisés, c'est ce qui s'appellait droit d'aubaine. Inaliénable et imprescriptible par sa nature, les biens sur lesquels il a été exercé, ont été réunis et consolidés au domaine de l'Etat.

Batardise. La succession des bâtards décédés sans avoir testé et sans enfans nés d'un légitime mariage, appartenait au roi. Cette réversion au domaine de la couronne était le prix des soins paternels de la société pour les enfans abandonnés, et dont les ci-devant seigneurs n'étaient pas tenus : son effet était l'accroissement du domaine de l'Etat.

Épave. Droit de confiscation des objets mobiliers abandonnés, et qui ne sont réclamés par personne. On distinguait dans l'origine les trésors consistant en or et argent, qui devaient échoir au roi seul; mais plusieurs arrêts ont consacré le principe que les épaves devaient advenir aux seigneurs haut-justiciers.

Il en était de même des adjudications des biens des condamnés. Elles étaient faites, soit au profit du roi, soit aux seigneurs de fiefs, ou aux seigneurs hauts-justiciers;

mais les biens résultans de cette échoite n'étaient réunis au domaine de l'Etat, qu'après une administration confuse de dix années, avec les autres biens ou droits domaniaux : avant la réunion le roi pouvait en disposer comme d'un domaine privé. Ceux adjugés aux ci-devant seigneurs, se réunissaient de plein droit au fief auquel était attachée la haute-justice, ou plutôt à la haute-justice elle-même, d'où il suit que les aliénataires des droits de justice du domaine, possèdaient les domaines à eux advenus par confiscation au même titre que la justice même.

Déshérence. La Déshérence est le droit de succéder à tous les biens et effets d'un naturel français, né en légitime mariage, qui meurt sans avoir disposé de ses biens par testament, et sans héritiers habiles à lui succéder, suivant les lois et les coutumes des lieux. Sous les deux premières races, ce droit appartenait au roi seul ; sous la troisième, il fut considéré comme une attribution de la haute-justice, et les seigneurs hauts-justiciers en jouirent. Cette usurpation tolérée a formé un droit général. Il en est résulté que les engagistes ont joui des biens échus par déshérence, comme situés dans leur haute-justice ; mais ces biens font partie nécessaire de l'engagement, parceque l'émanation doit s'incorporer au principe duquel elle dérive.

Outre ces droits, il existait aussi des droits dits casuels ; ils consistaient dans ceux dûs aux mutations des biens mouvans du domaine, tels que les lods et ventes, quints, requints, treisièmes, reliefs, rachats, sous-rachats et autres semblables, mais ils n'ont aucun rapport à l'aliénation. Nous n'en parlerons pas dans cet ouvrage.

Le roi, comme seigneur dominant ou suzerain des grands domaines, exerçait encore des droits féodaux, tels que ceux de directe féodale, de directe censuelle ; les cens, rentes foncières, accroissaient encore au domaine de l'Etat.

On entendait par directe, la seigneurie de laquelle relevait immédiatement un fief ou un héritage roturier. On l'appellait directe, parceque les héritages qui relevaient d'une terre seigneuriale, en ont été autrefois démembrés à la charge d'en relever directement, ou comme fiefs, ou comme rotures possédés à cens ou censives.

Le retrait féodal était le droit acquis au seigneur de retenir le fief mouvant de lui, lors de la vente qui en était faite par son vassal. Quelquefois les rois ont cédé ce droit, mais alors celui qui l'avait acquis et l'exerçait, acquérait une propriété incommutable ; la consolidation au domaine s'était d'autant moins effectuée, que le domaine retrait n'avait pas reposé un seul instant dans la main du dominant. Ce principe a été reconnu par un jugement du tribunal de cassation du 24 vendémiaire an 5, pour la terre d'Harroué, acquise par le ci-devant marquis de Craon, par suite de la concession que le duc de Lorraine Léopold lui avait fait, par lettres-patentes enregistrées le 20 février 1720, de son droit de retrait féodal.

Les cens et sur-cens étaient des redevances annuelles et seigneuriales, foncières et perpétuelles, dont un héritage était chargé envers le fief duquel il était mouvant. C'était un mode de reconnaissance de la directe ou seigneurie, et parconséquent une émanation de la féodalité. Mais sous cette dénomination générique, on a souvent confondu les rentes foncières créées pour aliénation du fond, celles créées par des baux à rente, vulgairement appellés baux d'héritages, par des partages ou des actes de licitation, portant abandonnement de fond. C'est une erreur.

Les rentes féodales, quelque soit leur dénomination, sont celles qui, accessoires à la représentation de la valeur du fond, ne sont que la reconnaissance de la directe ou seigneurie.

Celles purement foncières, sont celles qui représentent

le prix ou plutôt l'intérêt du prix de la valeur du fond; ces dernières n'ont rien de féodal : souverain ou seigneur, noble ou roturier, le propriétaire a pu stipuler à son gré le prix du bien qu'il a concédé, et le nom de la clause par lui stipulée n'a jamais pu en dénaturer l'objet.

Ce principe est constant; on a cherché à le détruire en confondant le cens avec la rente foncière; pour faire disparaître jusqu'à l'ombre de la féodalité, la loi du 17 juillet 1793 a voulu que les moindres vestiges en fussent effacés de tous les actes. Elle frappa de suppression, sans aucune indemnité, toutes les rentes féodales et redevances seigneuriales, mais elle prononça textuellement la conservation des rentes et prestations purement foncières : cependant, comme les redevances seigneuriales ont eu souvent la même origine que les rentes foncières, on les a confondues, et par un décret d'ordre du jour, du 7 ventose an 2, on a supprimé toutes les rentes foncières créées avec mélange de cens, ou tout autre signe de seigneurie ou de féodalité.

On ne peut pas se dissimuler que cette extension donnée à la loi du 17 juillet 1793 ne dénature son vœu, en même-tems qu'elle apporte un grand préjudice à la fortune publique.

En effet, un particulier aura acheté un bien de 50,000 fr. moyennant une rente foncière de cent vingt-quatre setiers de bled, ou 2,400 francs. Cette rente, représentative du prix du fond, sera éteinte, parce que le seigneur qui a vendu, a imposé à l'acquéreur une clause féodale, un sol de cens. Cette idée nous paraît contraire à la justice; la destruction de la féodalité n'a pu altérer ni détruire des conventions inhérentes au droit de propriété. Nous croyons qu'il est de l'intérêt de l'Etat de revenir sur le décret du 7 ventôse an 2, et que les besoins de la république réclament une mesure qui lui offre une grande ressource, sans blesser le droit des concessionnaires.

NATURES ET MODES D'ALIÉNATION.

Le domaine de la couronne et les droits en dépendant étaient inaliénables, par suite de la substitution perpétuelle de la couronne et de la destination du domaine à l'usage du prince qui devait transmettre à ses successeurs les biens et droits spécialement affectés au bien de l'Etat. Ce principe était né pour ainsi dire avec la monarchie ; chaque roi, à son avènement à la couronne, faisait le serment de l'observer.

Mais l'inaliénabilité du domaine exprime seulement que les biens dont il était composé, ne pouvaient être aliénés à perpétuité, et que la faculté d'y rentrer était imprescriptible ; aussi tous les rois aliénaient-ils par engagemens et reventes. Ils aliénaient même à perpétuité, soit le grand domaine à titre d'échange, soit les petits domaines et terres vaines et vagues à titre d'inféodation.

Sous les deux premières races, le domaine de l'Etat, dont une partie était souvent distraite pour fonder ou doter, soit des églises, soit des monastères, se partageait entre les enfans mâles du roi mourant. Hugues Capet est le premier qui mit en vigueur le principe de l'inaliénabilité. Il fut ensuite consacré en 1279, dans une assemblée solemnelle tenue à Montpellier, où tous les princes chrétiens convinrent que tous les biens qui avaient été démembrés du domaine, y seraient réunis.

Il faut cependant observer qu'avant 1566, on ne considérait comme domaine de la couronne, que les biens qui originairement y avaient été affectés depuis l'avènement de Hugues Capet, et ceux qui depuis y avaient été spécialement réunis. A l'égard de tous autres biens possédés par le prince, il pouvait en disposer comme de biens libres. Ainsi l'on aurait tort de conclure contre l'inaliénabilité avant 1565, sous prétexte que quelques-uns de nos rois ont fait des aliénations de biens qu'ils ne regardaient pas comme faisant partie de leur domaine royal.

Il faut distinguer dans l'aliénation, les distractions du domaine, et les engagemens. Cette division est nécessaire pour l'application des principes domaniaux, et pour l'intelligence et l'exécution de la loi du 14 ventôse an 7. L'engagement n'est en effet qu'une aliénation à terme, qui conserve toujours au seigneur ou souverain, la faculté de rentrer dans son domaine. La distraction, au contraire, est une aliénation à perpétuité, lorsqu'elle ne contient pas la clause de retour.

Ces sortes de distractions eurent lieu fréquemment dans l'origine, soit par les fondations et dotations des églises et monastères, soit par les récompenses qu'on accordait aux services militaires, soit par les différens partages que faisaient entre eux les enfans mâles du roi décédé, soit enfin par les usurpations et les conquêtes des grands vassaux qui se révoltaient et s'emparaient, non-seulement de la propriété des terres de leur commandement et dépendances, mais encore des droits régaliens. Hugues Capet fit le premier cesser ce désordre; il voulut que le domaine fût tout-à-la-fois impartageable et inaliénable, et l'accrut considérablement, en y réunissant le domaine immense qu'il possédait.

Pour avoir une idée juste de la nature et du mérite des différentes aliénations, il faut nécessairement remonter au principe.

La monarchie française ne s'étant formée que par suite des conquêtes, il n'a existé d'abord que les vainqueurs et les vaincus; les chefs des premiers méritaient des récompenses, ils sont devenus les nobles; les autres ont subi la loi et ont été serfs. Ensuite les guerres des feudataires ayant nécessité des protections, diverses parties de la France ont subi le joug féodal sous deux rapports différens, suivant les mœurs du tems d'où sont nés les fiefs de protection envers les guerriers, et ceux de dévotion, en consacrant la mouvance à l'église, et couvrant ainsi la propriété de l'étole évangélique, dont le despotisme influoit sur l'opinion même des gouvernans:

On appellait dans ces tems *aleu*, un domaine qui n'était censé provenir de la concession d'aucun maître ou ci-devant seigneur. Il signifiait dans l'entente du langage gaulois, un héritage très-ancien et transmis au propriétaire par ses ayeux. L'étymologie se perdant dans la succession des siècles, les auteurs et l'usage avaient adjoint au mot *aleu*, celui de *franc*, pour désigner sous la qualification de *franc-aleu*, un domaine étranger au régime féodal de France, et qui souvent n'était pas même soumis à la jurisdiction du territoire où il était situé, mais seulement par appel au tribunal suprême du gouvernement. Les maximes romaines en vigueur dans plusieurs des ci-devant provinces méridionales, ainsi que plusieurs coutumes allodiales de France, telles que Vitry-le-Français, Troyes et plusieurs autres admettaient le *franc-aleu*, quand il n'y avait titre contraire : de sorte que le territoire de France comprenait des domaines assujétis à un régime différent; les uns appartenans aux anciens habitans de la France, avaient été conservés dans leur intégrité primitive; les autres assujétis à la loi des vainqueurs, subissaient le joug de la féodalité apportée de la Germanie, où, de nos jours, elle a la même vigueur qu'en France au tems de Charlemagne.

L'existence des *franc-aleu* en France suffirait seule pour détruire le système d'une dépossesion universelle, lors des conquêtes, et la réunion réelle de tous les domaines dans la main d'un unique feudataire, comme la fiction féodale et coutumière semblerait vouloir le consacrer.

On distingue le *franc-aleu* noble, et le *franc-aleu* roturier.

Le premier s'entend d'une terre qui ne reconnaît aucun seigneur, et à laquelle il y a justice ou censive, ou quelque fief qui en relève.

Le second exprime un héritage libre, où il n'y avait ni justice, ni fief, ni censive qui en dépendent, et pour lequel le détenteur ne devait ni cens, ni lods et ventes, ni redevances

Le *franc aleu* noble ou roturier qui passait dans la possession des gens de main-morte (1), était sujet au droit d'indemnité envers le seigneur de la haute-justice, en

---

(1) Main-morte, s'entendait vulgairement des corps et communautés qui, ne finissant pas, n'engendraient pas au profit du domaine ni des ci-devant seigneurs, les droits féodaux casuels dûs aux mutations, et qui étaient à cause de cela appellés main-morte, c'est-à-dire, main possédant et ne produisant rien.

L'autre acception de la main-morte désignait la servitude, et dans l'origine même, l'esclavage. Ces droits existaient comme dans le fond du Nord, sur une partie de la surface de la France, sous la première et seconde race. La civilisation des peuples écarta cette servitude honteuse pour l'humanité, qui offrait à son semblable l'individu doué des mêmes qualités et des sentimens sublimes qu'il chérissait, courbé sous les chaînes de l'esclavage.

L'on distinguait la main-morte personnelle et la main-morte réelle.

La première comprenait les individus qui, pour cela, s'appelaient serfs, à cause de l'assujettissement à la servitude main mortable.

La main-morte réelle, moins despotique, n'affectait que les immeubles qui devaient revenir dans la main domaniale ou dans celle des ci-devant seigneurs, soit à la mort du premier, soit à l'extinction de la race masculine ou totale, avec les améliorations d'une

raison des droits de déshérence et confiscation qu'il perdait par le moyen de cette possession.

Ces principes de l'ancienne féodalité nous ameneront à des distinctions dans les aliénations faites à des nobles ou à des roturiers. On connaît deux espèces d'aliénations, celles à terme ; celles à perpétuité.

ALIÉNATIONS A TERME.

Ces aliénations comprennent apanage, engagement, congément, afféagement.

Apanage. (2) On appellait ainsi les domaines que les rois donnaient à leurs fils ou frères puinés. Depuis Philippe-le-Bel, la condition de retour à la couronne à défaut d'hoirs mâles, a été inhérente à cette espèce de concession. La législation sur cet objet a été fixée par l'édit de février 1566 : Il porte qu'il y a retour à la couronne par le décès des apanagistes sans hoirs mâles, en pareil état et condition qu'était le domaine lors de la concession de l'apanage, nonobstant toutes disposition, possession, acte exprès ou taisible, faits ou intervenus pendant l'apanage. Toute aliénation faite par les apanagistes est donc nulle de plein droit, à moins d'une permission d'aliéner, autorisée par lettres-patentes duement enregistrées, puisqu'ils n'étaient qu'usufruitiers des biens à eux concédés. Alors ces concessions sont seulement soumises aux règles imposées pour les

---

possession d'autant moins prospère que la faveur de la transmission n'excitait pas l'activité des cultivateurs.

Tous ces droits dérivaient de la force et d'une puissance dont l'exercice était combiné par les idées barbares qui occupaient les têtes rivales des suzerains, se disputant l'empire d'un sol qui devait leur échapper avec les lumières de la postérité.

(2) Les apanages ont été supprimés par la loi du 1er. decemb. 1790.

aliénations du domaine national, et les biens qui en faisaient l'objet, ne peuvent être grévés d'hypothèque

ENGAGEMENT. L'engagement est un contrat par lequel des commissaires du conseil, en vertu d'un édit ou d'une déclaration, aliénaient des biens ou droits domaniaux, moyennant finances et autres conditions, pour en jouir jusqu'au remboursement de cette finance, et sous la faculté de rachat perpétuel. L'aliénation par engagement se fit dans le principe par des actes passés devant notaires; cette forme s'observait même encore sous le règne d'Henry IV qui, le premier, établit la forme des adjudications au plus offrant et dernier enchérisseur par devant des commissaires pris d'abord dans le parlement et la chambre du domaine, et ensuite dans les conseillers d'état et intendans des finances.

Si la finance d'un engagiste n'était pas proportionnée à la valeur réelle du domaine, il pouvait être dépossédé par une nouvelle adjudication au conseil. Les clauses de cette revente étaient le remboursement par l'adjudicataire comptant en un seul paiement de la finance antérieure, et l'obligation en outre de payer le sol pour livre du capital de la rente sur le pied du denier 30: l'adjudicataire par revente était entièrement subrogé au contrat d'engagement fait à celui qu'il avait dépossédé ou à ses auteurs.

L'effet de l'engagement étant d'accorder une simple jouissance, les engagistes n'ont jamais eu droit qu'aux fruits civils et naturels. La finance que composent les deniers d'entrée doit être considérée comme prix de la valeur de ces fruits. Ainsi dans un engagement à tems, la répartition du montant de la finance doit être faite sur toutes les années de la jouissance, et cette clause doit servir à la liquidation que nécessitent les rentrées en possession. Astreints par leur contrat à l'entretien des bâtimens dépendans des terres à eux concédées, les engagistes étaient tenus de faire faire, en entrant en jouissance, des procès-verbaux de l'état des lieux, et de fournir tous les cinq ans une déclaration détaillée des biens dont ils jouissaient.

Il a été fait en exécution de la déclaration du 5 mars 1718, des engagemens à vie, le prix ne pouvait d'abord en être inférieur au denier 16 du revenu du domaine, il fut ensuite fixé en raison des différens âges.

Il est arrivé souvent que les engagistes ont fait des sous-engagemens; comme ils n'ont pu transmettre que les droits qu'ils pouvaient exercer, les sous-engagistes subissent leur sort, et sont sujets aux lois qui les frappent.

Congément. L'aliénation congéable a eu lieu particulièrement dans la ci-devant Bretagne.

C'est une vente sous faculté perpétuelle et transmissible de réméré à la charge d'indemniser à dire d'experts le possesseur. Les grands propriétaires de ces contrées, pénétrés de la nécessité d'attacher au sol les bras qui le fertilisent, ont saisi cette manière de fixer les cultivateurs en les obligeant à des améliorations qui restaient leurs propriétés, et en leur interdisant la faculté de les déguerpir en exigeant le prix; car la faculté de congément n'est pas réciproque, et le congéable qui déguerpit le domaine, ne peut le faire que par simple abandon, en renonçant à toute répétition d'indemnités pour les améliorations que le premier zèle du possesseur et les travaux de ses successeurs ont procuré au domaine. Il est encore un lien puissant qui attache ces propriétaires précaires à leur domaine, c'est la solidarité à laquelle ils sont tenus entre eux envers le propriétaire foncier. On voit que dans ce mode d'aliénation il y a une distinction précise entre le propriétaire foncier et le propriétaire superficiel ou convenantier.

Un décret de la Convention nationale du 2 prairial an 2, avait libéré les possesseurs congéables de la faculté de congémens, sur le motif que cette aliénation participait du régime féodal; mais la loi du 19 brumaire an 6, considérant cette faculté comme dérivant purement de la propriété, a rétabli le droit de congément sur sa base antique; une discussion solemnelle qui a récemment eu lieu au conseil des Cinq-cents pour le retour à la première loi destructive du droit de congément, en a consolidé l'existence par la question préalable adoptée dans la séance du 21 ventose an 7; ainsi, le congément ne peut être considéré comme aliénation révocable, aux termes de la loi du 14 ventose an 7.

Bail emphitéotique. Bail à longues années d'un héritage ou d'un fonds à la charge d'une redevance annuelle réservée par le bailleur, pour marque ou reconnaissance de son domaine direct; le preneur était ordinairement obligé des constructions ou autres espèces d'améliorations; quelquefois il payait une somme fixe pour deniers d'entrée, en passant le contrat.

L'emphytéose à tems limité pouvait se faire jusqu'à 99 ans, mais il en était aussi passé dans plusieurs coutumes, tant pour la vie des preneurs que pour celle de ses enfans, des enfans de ses enfans, et encore cinquante ans et au-delà.

L'emphytéose proprement dit, est de droit romain; il se reconnaît à quatre caractères qui doivent être réunis pour le constituer.

1°. Distinction entre le domaine direct et le domaine utile, translation de celui-ci entre les mains du preneur, à condition d'améliorer le fonds, avec le droit de transmettre ce domaine à ses héritiers quelconques et de le vendre en prévenant celui qui s'est réservé le domaine direct.

2°. Prestation d'un canon ou fermage annuel et uniforme sans aucune remission.

3°. Prestation du *landenium* ou droit de reprise en cas

de vente, droit à payer par le nouvel acquéreur à celui qui a la directe.

4°. Le droit de préférence compétent à ce dernier en cas de mutation.

Par cet acte, il y avait aliénation de la propriété utile en la personne du preneur pendant tout le tems de la concession, avec retention de la propriété directe de la part du bailleur : la redevance annuelle est la reconnaissance de la seigneurie directe, le surplus est le véritable prix de la valeur ou perception des fruits.

Il ne faut pas confondre avec l'emphytéose le bail héréditaire très-usité dans l'Alsace et autres pays originairement soumis aux lois de l'Empire.

Le bail héréditaire d'origine germanique rend le preneur simple fermier ou propriétaire des fruits croissans sur la superficie, mais aucune partie de la propriété foncière ne lui est abandonnée. La seule différence qui existe entre lui et le fermier ordinaire est qu'il a contracté pour lui et sa famille, que dès-lors le prix du bail ne peut être ni augmenté ni diminué, et qu'il ne peut être expulsé dès qu'il remplit les conditions du bail et qu'il existe un rejeton de la famille à l'auteur de laquelle le bail a été donné.

A défaut d'actes, on reconnaît cette nature de baux à la quotité du prix stipulé qui doit être proportionné au produit du fond calculé à l'époque de la passation du bail.

Quelquefois dans ces actes, les receveurs ou tabellions ont cumulé des clauses ou dénominations particulières aux emphytéoses; mais dès-lors qu'ils ne contiennent pas la réunion des caractères qui constituent l'emphytéose, ce sont de simples baux héréditaires.

Cette espèce de baux multipliée dans les départemens du Rhin avait encore des distinctions. On appellait *Colange* un contrat par lequel un propriétaire répartissait entre plusieurs preneurs un corps de biens considérable, en se réservant un canon annuel modique, avec la faculté de faire juger les différends qui s'éleveraient entr'eux à raison de ces fonds par le bailleur, comme président, assisté des preneurs comme assesseurs On nommait *trœge ey* ou contrat au porteur, un bai fait par un gros propriétaire à plusieurs colons avec institution parmi eux d'un chef chargé de recouvrer les canons et de lui en compter.

Mais ces baux ont été souvent passés verbalement; comment constater alors le droit du preneur? La législation d'Alsace veut dans ce cas, par un principe consacré par nombre d'arrêts que, lorsqu'il y a absence de baux simples, que la rente n'a jamais varié dans sa quotité, et qu'elle a été acquittée sans interruption sur ce pied pendant trente ans à un particulier, ou pendant quarante années à une communauté ou à l'église, la présomption de droit soit que le fonds grévé de la rente ait été originairement concédé par le propriétaire de la directe contre l'obligation perpétuelle du possesseur de l'acquitter. Cette possession se prouve par les quittances du canon et des impositions.

Envain confondant le domaine direct et le domaine utile, ceux qui tiennent à bail de cette nature de biens, dits censitiques, prétendent-ils être propriétaires incommutables? La propriété directe appartient toujours à celui qui a concédé, ils n'ont que la jouissance du domaine utile tant qu'ils remplissent les conditions auxquelles ils ont pu l'acquérir, et jusqu'à l'extinction de leur famille.

En leur appliquant les dispositions de la loi du 14 ventose dernier, ou les admettant au rachat de leurs rentes ; le corps législatif trouverait une ressource utile aux besoins de l'État.

Bail a rente. Le bail à rente transmet la propriété foncière, et non pas la propriété directe dont la rente foncière est une rétention.

On distingue les baux à rente non-rachetable qui opéraient aliénation de la propriété naturelle, jusqu'à concurrence de la rente stipulée avec rétention de la propriété directe, et les baux à rente stipulée rachetable, qui étaient considérés comme des ventes dont l'acquéreur a la faculté de convertir le prix en argent, et de se libérer.

Cette distinction a été abrogée par la loi du 28 mars 1990, qui ne reconnaît plus que des rentes rachetables.

Aux baux à rentes rachetables étaient assimilés, quoique stipulés non-rachetables, les baux à rente des places et maisons situées dans les villes murées, dont la libération était protégée par la loi avant même celles intervenues pendant la révolution.

Dons, Concessions que les rois faisaient à leurs sujets par brevet ou lettres-patentes, soit de terres ou seigneuries dépendantes du domaine, soit de quelques portions de domaines ou de quelques droits casuels, tels que ceux d'aubaine, bâtardise, déshérence ou confiscation.

Ces dons, objets de récompense de services rendus ou présumés rendus à l'Etat, avaient leur effet pendant la vie des rois, qui en étaient les auteurs, les fruits restaient même au donataire et à ses héritiers jusqu'à la demande en réunion, mais ils avaient toujours besoin d'une confirmation de règne en règne; cependant, par l'abus des faveurs, lesdons de cette nature étaient rarement révoqués, et leur aliénation devenait par le fait perpétuelle.

ALIENATIONS A PERPETUITE.

La France, comme nous l'avons dit, était divisée en deux castes principales, celle des vainqueurs devenus nobles, celle des vaincus qui furent serfs et depuis roturiers.

Les uns et les autres ont participé aux aliénations du domaine, mais les premiers les ont obtenus directement à titre de fiefs, les seconds en roture par ascencement qui le plus souvent a été la suite du démembrement des fiefs.

Fief. C'était un héritage tenu du roi ou d'un seigneur particulier à foi et hommage, à la charge de la foi, de l'aveu et dénombrement, et autres droits ou devoirs personnels et pécuniers.

Ce fut ainsi que dans le principe, les rois firent à leurs vassaux la concession de certains domaines, pour les tenir en fief de leur couronne, à la condition expresse de les servir en guerre. Ces premières concessions, connues sous le titre de bénéfice, n'étaient qu'à vie, et retournaient au roi au décès de ceux qui les avaient obtenues.

Elles furent ensuite (sous Charles-le-Chauve) étendues à la descendance masculine des premiers investis sous les mêmes charges et les mêmes conditions; cependant, à la mort du dernier des descendans mâles, les fiefs retournaient encore dans la main du seigneur principal.

Sur le déclin de la seconde race, les filles, par une dérogeance à la loi salique qui les excluait de la possession des bénéfices comme incapables du service militaire, ont été admises à la possession des fiefs; et dès-lors ils sont devenus héréditaires. Les premiers investis ont sous-inféodé aux mêmes conditions portées dans leurs investitures. Les sous-inféodataires en ont usé de même, ils se sont fait, non-seulement des vassaux, mais encore des censitaires,

en

en aliénant des domaines par simples baux à cens, à la charge de les tenir en roture, de payer annuellement une redevance modique, et sous la condition qu'aux mutations par vente, il serait payé des droits au seigneur direct; c'est ainsi que les fiefs se sont multipliés; il en est résulté la fiction féodale, qu'il n'y a point de fiefs en France, qu'il n'y a pas même de domaines en roture qui ne soient présumés émaner originairement de la couronne, et qui n'en soient tenus médiatement ou immédiatement.

Mais de ce principe étroit de la féodalité qui couvrait la France, il ne suit pas que toutes les propriétés foncières de France proviennent d'aliénation et sous-aliénation de la couronne. Ce serait une grande erreur de le penser. Semblables à ces fleuves rapides qui, lorsqu'un torrent impétueux les précipite hors de leur lit, inondent les campagnes, couvrent les terres et confondent les propriétés, mais qui, rentrés dans leurs limites, reprennent leur cours ordinaire, et rendent au propriétaire les terres qu'ils n'ont point entraînées, les conquérans, en parcourant une partie du globe, s'emparent de tous les biens qu'ils rencontrent, et lorsque le gouvernement se régularise, les propriétés du vainqueur sont déterminées par les traités de paix, et le surplus rentre dans les mains des anciens propriétaires. Dans l'espèce, ceux-ci ont été assujétis; savoir, les personnes à des droits personnels, et les domaines à des droits réels; mais il ne serait pas juste de consacrer la fiction d'une propriété unique.

Les héritages dépendans d'un fief ont dû y être réunis, lorsque le ci-devant seigneur a acquis les biens mouvans de lui, s'il les a retraits, ou quand ils lui sont advenus par déshérence, bâtardise ou confiscation, ou enfin, lorsque le propriétaire des biens a acquis le fief dont ils étaient mouvans.

Le ci-devant seigneur pouvait, dans la plupart des coutumes, empêcher la réunion des biens qu'il acquérait et qui étaient mouvans de son fief, en déclarant qu'il entendait les posséder roturièrement, et ce, par le contrat même d'acquisition. Sans cette clause expresse, la réunion s'opérait *ipso facto*, et ce d'autant plus naturellement, que cette réunion opérait le retour de la partie au tout, dont elle avait été désunie originairement.

Dans l'ancien usage des fiefs, la non-réunion était favorable, parce que les avantages de la féodalité résultaient principalement du nombre des vassaux. Ces avantages ayant été ensuite convertis en prestation pécuniaire, il était naturel que la loi s'opposât à la fiction, qui envisageait un sous-fief dans la main du propriétaire supérieur, comme dans la main d'un tiers, en exemption des droits directs au suzerain.

Quelquefois des biens tenus en roture ont été érigés en fiefs par lettres du prince. Cette faveur accordée, souvent à titre de récompense, a été également obtenue moyennant finance.

L'investi d'un fief était tenu envers le seigneur suzerain à l'aveu et au dénombrement. On appellait ainsi la déclaration qu'il fournissait du fief qu'il possédait, et de ses dépendances.

L'aveu était la reconnaissance de la vassalité, et le dénombrement, le détail du fief.

Cet acte est essentiellement le même que celui connu sous le nom de déclaration des biens temporels du clergé. Cette différence de nom a été introduite par la puissance de cette ancienne corporation. Ne voulant point assujétir ces biens aux servitudes temporelles, à cause de leur consécration au service divin, elle a maintenu la frivole dénomination de déclaration, qui n'est autre chose qu'un dénombrement des terres assujéties aux droits féodaux.

Les inféodataires étaient tenus aux aveux et dénombremens, et les engagistes à la simple déclaration en détail.

Les aveux et dénombremens ont été déposés aux anciennes chambres des comptes; ils sont intéressans à consulter pour la découverte des aliénations des domaines.

Il est une autre nature de fiefs connue en Alsace, sous le nom de fiefs oblats. L'érection et l'investiture qui en étaient faites par les chefs de l'église, étaient la condition expresse de la concession que le propriétaire avait faite à l'église pour obtenir les faveurs du ciel. Par la concession du domaine, le prélat n'acquérait que la directe et ne pouvait posséder le domaine utile; il était tenu d'en investir une autre famille à chaque extinction de la branche masculine tenancière du fief.

Ceci nous conduit à parler des possessions connues sous le nom de franche aumône, qui était l'aliénation faite d'un héritage au profit du clergé, à la charge de prier pour les donateurs. Sur ces possessions, les droits de directe étaient suspendus pendant la jouissance du clergé; ils ne devaient reprendre leur exercice qu'au moment où la propriété serait transportée à des particuliers passibles des droits et devoirs féodaux dont le clergé était dispensé.

Celui-ci éleva la prétention, et se maintint dans l'usage de s'exempter de tous devoirs et de toute taxe, sous le prétexte que les domaines qui lui avaient été donnés, avaient été consacrés à Dieu et ne pouvaient reconnaître aucune puissance temporelle, même après l'aliénation qu'il en aurait faite. Ce privilège était particulier aux ministres de tous les cultes de la terre.

L'exemple des donateurs des premiers siècles ne fut pas suivi par les ci-devant seigneurs directs. Ils exigèrent du clergé la présentation d'un homme de fief, sous la dénomination d'homme vivant et mourant, au décès duquel les droits et devoirs féodaux étaient servis et acquittés.

Il ne faut pas confondre avec les fiefs que nous venons de définir, des concessions de fonds faites sous cette dénomination, dans des pays qui n'étaient pas originairement sous la domination française. Telles sont, par exemple, les concessions du Porentruy.

Ce pays, long-tems en friche, ne fut cultivé que par la facilité qu'eurent les Colons voisins, d'y acquérir une propriété sous l'obligation de la tenir en fief du prince, qui se contentait d'une modique redevance. Ravagé ensuite lors de l'invasion des Suédois, en 1660, sous le règne de Charles XII, les propriétaires qui l'avaient abandonné, trouvèrent, en y rentrant, leur patrie presque déserte. Les bras manquant pour la culture, ils donnèrent leurs terres en admodiations perpétuelles, sous la réserve d'une rente modique. Il s'y fonda bientôt des communautés religieuses qui, acquérant des propriétés immenses, passèrent des baux emphytéotiques, qui portèrent le nom de fiefs.

La dénomination de fiefs, donnée à ces concessions, n'est que le terme usité du pays, et n'a aucun caractère de féodalité; elle est une suite de la prétention du clergé qui, regardant tous les biens qui lui étaient donnés, comme un héritage conservé à Dieu, voulait qu'ils fussent affranchis de toute espèce de servitude.

Inféodation. L'investiture des domaines concédés en fiefs, s'appellait inféodation. Le mode d'aliéner convenait aux rois des deux premières races, parceque les fiefs tenant aux personnes et s'éteignant avec elles, retournaient toujours à la couronne. Mais il a dû cesser à l'époque où les lois ont consacré l'hérédité des fiefs ; alors les inféodations sont devenues une véritable aliénation, transmissible de la propriété incommutable, et leur révocation est une conséquence juste du principe de l'inaliénabilité.

Il serait cependant trop rigoureux de l'appliquer à toutes les inféodations. On doit nécessairement distinguer celles que pouvait commander l'intérêt de l'Etat, de l'agriculture et des particuliers.

Telles ont été les aliénations des murs, remparts, fortifications à charge de les démolir, lorsque par l'accroissement du territoire, ils ne sont plus restés nécessaires à la défense de l'empire.

Telles ont été celles des terres vaines et vagues, landes, bruyères, palus et marais non situés dans les forêts, à charge de défricher.

Telles ont été enfin celles des alluvions (1) formées par les fleuves et rivières navigables.

---

(1) Les alluvions sont un accroissement de terre qui se fait, lorsqu'un héritage, situé sur le bord d'une rivière ou de la mer, acquirt plus d'étendue par les terres que successivement et après un laps de tems l'eau amène et consolide à cet héritage.

Il serait à désirer que l'opinion nationale distinguât les îles et îlots, d'avec les alluvions et attérissemens. Les uns peuvent être considérés comme des épaves appartenant, sans contredit, au domaine public, comme les relais et délaissemens de la mer ; mais à l'égard des attérissemens qui ont lieu sur les bords des rivières, il semble contraire à la justice de les considérer comme domaine public. Car toujours, ou le plus souvent, ils sont le résultat d'un empiètement du fleuve sur les propriétés particulières de l'autre bord.

Pour fertiliser ce nouveau terrein, il faut des travaux de conservation, d'autres de mise en culture, et sous ce rapport comme sous celui de l'insensibilité progressive de cette pos-

Ces portions du domaine public ne présentaient, par leur faible valeur, aucun intérêt à l'ambition, les besoins de l'Etat, l'avantage de l'agriculture réclamaient leur aliénation ; ces motifs donnèrent lieu au second édit du premier février 1566, qui autorisait les baux à perpétuité, à cens et rente avec deniers d'entrée modérés des terres, prés, palus et marais vagues; ils ont également déterminé les exceptions que contient la loi du 14 ventôse an 7.

Ces aliénations, au surplus, ont été faites le plus souvent par accensement.

Accensement. L'accensement est un contrat par lequel on concédait un héritage à cens ou rente foncière. Le cens était la reconnaissance de la directe, la rente représentait la valeur locative du fond. Ce mode d'aliénation, par lequel le Roi ou les seigneurs démembraient de leurs domaines un héritage noble qu'ils arroturaient, transmettait au détenteur une propriété absolue. L'accensement était une sorte de sous-inféodation du fief qui s'opérait par l'aliénation du domaine utile, avec rétention de la directe, droits fixes et casuels, différente en cela de la véritable inféodation qui transmettait le domaine avec rétention de droits féodaux.

Il ne faut pas confondre avec l'accensement un mode d'engagement très-usité en Lorraine, et connu sous le nom d'ascensement. L'ascensement ne transmettait qu'une possession précaire et révocable. Etranger à la féodalité, la redevance qui y était stipulée ne représentait que le produit des fruits et non la propriété foncière. Ce terme dérive de *cense*, par lequel on entend encore dans la ci-devant Lorraine, une ferme donnée à long bail.

Afféagement. On aliénait aussi dans quelques coutumes

---

session, il n'est pas de la dignité nationale de profiter d'un aussi faible avantage, qui est en même-tems le résultat d'une perte pour les propriétaires de l'autre rive, que l'État n'indemnise pas.

par afféagement, c'est-à-dire, avec retenue de mouvance féodale ou redevance de droits casuels en roture.

Échange. Un dernier mode d'aliénation à perpétuité a été d'autant plus usité, qu'il mettait à l'abri des révocations et transmettait une propriété incommutable, c'est l'échange. On ne pouvait, en effet, le considérer comme une aliénation prohibée, lorsqu'il était constaté que les fonds reçus par le roi en contre-échange étaient de valeur égale à ceux donnés en échange. Mais la faveur a souvent abusé de ce moyen: il devait être aux termes des réglemens procédé pardevant des commissaires du conseil, à l'évaluation des biens donnés en contre-échange, et les procès-verbaux de ces opérations devaient être ensuite homologués par lettres-patentes confirmatives, enregistrées dans les chambres des comptes. Ces formalités conservatrices du domaine ont été suivies presque généralement; mais considérées presque toujours comme une simple formalité par ceux qui étaient chargés de les remplir, c'est un voile qui couvre souvent des usurpations.

Enfin, il s'est fait dans les différentes époques de la monarchie des usurpations du domaine. Les reventes, ou engagemens ayant presque toujours succédé aux réunions, ceux qui avaient fait quelques usurpations ont racheté des domaines auxquels ils ont joint les fonds usurpés et se sont ainsi ménagé le moyen de faire perdre de vûe leurs usurpations. La confection des papiers terriers ayant rarement atteint sa perfection, on ne peut les découvrir que par l'examen des états en détail que les régisseurs des domaines étaient tenus de former.

On a vu par les détails que nous venons de présenter quels ont été les différens modes d'aliénation; il était utile de les connaître pour découvrir sûrement les domaines aliénés.

Ceux-ci formaient dans l'origine des grandes masses, et on suivra aisément la trace des sous-aliénations, lorsque remontant au principe, on consultera le titre primitif.

Il était également intéressant de présenter l'historique du domaine de l'Etat, et son ancienne consistance.

Nous allons actuellement faire connaître la législation ancienne qui le régissoit, et celle qui le régit aujourd'hui.

LÉGISLATION ANCIENNE ET NOUVELLE SUR LES ALIÉNATIONS DU DOMAINE DE L'ÉTAT ET LEUR RÉVOCATION.

SECONDE PARTIE.

CHAPITRE PREMIER.

Législation ancienne.

PARAGRAPHE Ier.

Législation ancienne des pays composant la France avant 1566.

Le principe de l'inaliénabilité du domaine établi par HUGUES CAPET, proclamé à la suite de son règne, dans une assemblée des princes chrétiens tenue à Montpellier, en 1279, successivement avoué et reconnu sous Charles cinq par deux ordonnances, l'une de 1358, l'autre de 1366, (cette dernière excepte les dons faits à l'église.)

Sous CHARLES VI, par la progmatique sanction, jurée en

1401 par tous les princes et officiers de la couronne qui annulle tous les dons du domaine, tant de celui existant à son avénement à la couronne que de celui qui pourrait lui échecoir par la suite.

Sous CHARLES VIII, par la déclaration du 22 septembre 1483, et les lettres patentes du 27 décembre 1484.

Sous FRANÇOIS Ier., par les édits des 13 décembre 1517, de juillet 1521, 15 juin 1539 et 18 aout 1559, fut consacrée d'une manière plus solemnelle, sous CHARLES IX par un édit donné à Moulins, au mois de février 1566, enregistré le 13 mai suivant, au parlement de Paris, que l'on nomme communément ordonnance des domaines, et dont voici les dispositions essentielles.

ARTICLE PREMIER.

« Le domaine de notre couronne ne peut être aliéné qu'en deux cas seulement : l'un pour apanage des princes mâles de la maison de France, auquel cas il y a retour à notre couronne par leur décès sans mâles, en pareil cas et condition qu'était ledit domaine, lors de la concession de l'apanage, nonobstant toute disposition, possession, acte exprès ou taisible, fait ou intervenu pendant l'apanage : l'autre pour l'aliénation à deniers comptans pour la nécessité de la guerre, après lettres-patentes pour ce décernées et publiées en nos parlemens, auquel cas il y a faculté de rachat perpétuel. »

II.

« Le domaine de notre couronne est entendu celui qui est expressément consacré, uni et incorporé à notre dite couronne, ou qui a été tenu et administré par nos receveurs et officiers pendant l'espace de dix années, et est entré en ligne de compte. »

III.

« Déclarons de pareille nature et condition les terres autrefois aliénées et transférées par nos prédécesseurs, à la charge de retour à la couronne à défaut d'hoirs mâles, ou autres conditions semblables. »

IV.

« Ne pourront les fruits des fermes, ou louage du domaine être donnés à quelque personne, ni pour quelque cause que ce soit ou puisse être. Pareillement ne seront baillées aucunes exemptions de paiement des droits appartenans et dépendans dudit domaine. »

V.

« Défendons à nos cours de parlemens et chambres des comptes d'avoir aucun égard aux lettres-patentes contenant aliénation de notre domaine et fruits d'icelui, hors les cas susdits, pour quelque cause et tems que ce soit, même pour une année, à moins que ce ne soit dans les cas ci-dessus exprimé. »

« Quand aux lettres-patentes octroyées avant le présent édit, elles ne seront tenues pour valables qu'autant qu'elles auront été vérifiées tant dans les cours de parlement qu'aux chambres des comptes. »

XVII.

« Les terres domaniales ne se pourront dorénavant aliéner par inféodations, à vie, à long tems ou perpétuité, ou condition quellequ'elle soit : Ainsi se bailleront à ferme à notre profit comme nos autres terres et droits; et de pareille façon sera usé des terres sujettes à retour à notre couronne, et ce, sans préjudice des inféodations déjà faites, pour le regard desquelles enjoignons à nos procureurs s'enquérir bien et diligemment de la cause et forme pour en faire telle poursuite que de raison. »

Par un autre édit du même mois de février 1566, enregistré au parlement de Paris, le 27 mai suivant, il fut ordonné, qu'attendu l'utilité et la nécessité de mettre en culture et valeur *les terres vaines et vagues, prés, palus et marais vacans appartenans au Roi*, il en serait fait aliénation à perpétuité, à cens, rentes et deniers d'entrée modérés, sans que ces aliénations pussent être dans la suite révoquées pour quelque cause et occasion que ce soit.

Depuis l'époque de cette ordonnance, chaque regne ou plutôt chaque ministère a donné des déclarations, ou édits soit pour les réunions des domaines, soit pour leur aliénation, mais, dérivant tous des mêmes principes, leur énumération, leur analyse n'offriraient à nos lecteurs qu'une nomenclature inutile. Nous ne rapporterons que ceux dont la connaissance est essentielle pour l'intelligence et l'application des principes de cet ouvrage.

Tels sont les édits de mars 1619, sous Louis XIII; celui d'avril 1667, sous Louis XIV; les arrêts du conseil, de mai et juin 1724, et 16 juin 1771, sous Louis XV, et celui du 14 janvier 1781, sous Louis XVI.

Edit de mars 1619. Il ordonne que toutes les terres, seigneuries et autres portions du domaine, ci-devant vendues et aliénées à faculté de rachat perpétuel seront retirées et rachetées en remboursant les finances des détenteurs, avec leurs frais et loyaux coûts; et le tout réuni au domaine pour être de nouveau vendu et aliéné à faculté de rachat perpétuel, et pour la vente à perpétuité des bois en grurie, grairie, ségrairie, tiers et danger dans toutes les provinces du royaume à titre de fief ou à cens, au choix des acquéreurs et en outre à deniers d'entrée.

Edit d'avril 1667. En entrant au ministère, Colbert jugea qu'il intéressait à l'éclat du trône, de réunir les domaines que des aliénations multipliées avaient dispersés, il fit à cet effet un réglement général en vingt-quatre articles.

L'art. Ier. de cet édit porte que, tous les domaines aliénés à quelques personnes que ce soit, (à l'exception toutes fois des dons faits aux églises, douaires, apanages et échanges faits sans fraudes ni fictions en conséquence d'édits bien et duement vérifiés) seront et demeureront à toujours réunis à la couronne. Les autres articles déterminent les formes dans lesquelles les engagistes ou aliénataires auront à justifier de leur possession, le mode de la liquidation de leurs finances. Ce règlement fit opérer beaucoup de réunions, mais la mort de Colbert et les guerres qui survinrent, en firent perdre de vue l'objet. Pour trouver des ressources en 1691, les possesseurs des biens et droits domaniaux furent confirmés dans leur jouissance, en payant des supplémens de finance: il fut même ordonné différentes aliénations en 1695, 1702, 1708, 1712 et 1718. Une déclaration du 5 mars 1718 voulait que, par commissaires nommés pour la vente et engagement des domaines, il fût procédé avec les formalités ordinaires et accoutumées à la vente et engagement des domaines, à condition d'en payer le prix en billets d'Etat, pourvu que le prix ne fût au-dessous du denier 16 du revenu de ce qui serait ainsi adjugé à vie.

Arrêts du Conseil des 13 mai et 20 juin 1724.

Ces règlemens ont changé la législation relative au mode des reventes ou engagemens.

Il résulte de leurs dispositions que les offres, enchères et surenchères qui seraient faites pour la revente des domaines engagés ne pouvaient être reçues *qu'en rentes*, à la charge de rembourser en argent comptant les finances des anciens engagistes; les reventes ordonnées précédemment ne pouvaient également être effectuées qu'en rentes; et dans le cas de réunion desdits domaines, les engagistes demeuraient déchargés du paiement desdites rentes, du jour de leur dépossession qui ne pourrait être faite qu'en les remboursant en un seul paiement des finances qu'ils auraient payées aux anciens engagistes : ainsi, à partir de 1724, aucun engagement n'a pu être fait avec finances ou deniers d'entrée.

Arrêt du conseil du 16 juin 1771.

Cet arrêt contient entre autres dispositions essentielles, révocation des aliénations précédemment faites aux engagistes des domaines des droits casuels et de mutation ; il ordonne que la perception en sera faite par les receveurs généraux des domaines ; qu'ils ne pourront à l'avenir être aliénés en quelque manière que ce puisse être, et que les engagistes qui continueraient à jouir desdits droits, seraient contraints à restitution et au paiement de l'amende du triple desdits droits. Son exécution procure un moyen utile de découverte des biens engagés. Les restitutions de droits perçus, et les recettes des droits échus dans les mouvances et directes, peuvent en effet fournir l'une des preuves exigées par la loi du 14 ventose an 7.

Arrêt du Conseil du 14 janvier 1781.

La succession rapide des lois qui favorisaient les distractions du domaine, presqu'en même tems qu'elles ordonnaient des réunions, la munificence de Louis XIV, la facilité de son successeur rendaient essentiel et urgent un réglement qui réintégrât le domaine de l'Etat dans toute son étendue. Necker sentit que le meilleur moyen de parvenir à ce but, était d'intéresser tous les détenteurs à déclarer eux-mêmes les biens dont ils jouissaient par aliénations quelconques : tels furent les motifs qui dictèrent l'arrêt du conseil dont nous allons rapporter les principales dispositions.

ARTICLE PREMIER.

Obligation aux détenteurs de biens et droits quelconques, faisant partie du domaine de la couronne, aliénés ou concédés à tems, à vie ou autrement, à quelque titre que ce soit, à l'exception des dons faits aux églises, des apanages et des échanges faits dans la forme prescrite par les réglemens en vertu de lettres-patentes duement vérifiées, de rapporter avant le 1er. janvier 1782 à l'administrateur général des finances, des titres en vertu desquels ils jouissent, des quittances de finances par eux payées avec déclaration d'eûx signées ou passées devant notaires, contenant en détail les objets par eux possédés, les revenus et produits de chacun desdits objets, ensemble les charges réelles, foncières et autres dont lesdits biens peuvent être grevés; enfin les originaux, expéditions ou copies collationnées des baux, livres, cueilloirs et autres titres justificatifs desdits revenus et charges.

II.

Dépossession des engagistes et perte de leurs finances, dans le cas de recèlement des domaines ou droits domaniaux.

III.

Saisie des domaines dans les mains de ceux qui ne se conformeraient pas à l'art. Ier.

IV.

Faculté aux détenteurs d'obtenir confirmation dans leur jouissance sur l'offre d'une rente ou supplément de rente d'engagement.

V.

Communication des déclarations, titres et offres aux administrateurs des domaines, pour l'acceptation desdites offres ou fixation des rentes d'engagement.

V I.

Réclamations sur les décisions de l'administration des domaines, à juger par le conseil d'Etat.

V I I.

Obligation aux détenteurs d'opter dans les trois mois de la signification de l'arrêt du conseil rendu sur leurs réclamations, d'opter ou de conserver lesdits domaines ou droits à eux engagés, en payant la rente déterminée, ou de les remettre moyennant le remboursement réel et effectif de leurs finances après liquidation préalable.

V I I I.

Soumission à faire pour l'acquiescement aux arrêts, et consentement du paiement de la rente déterminée.

I X.

Confirmation, pendant la durée du règne, des engagistes ou autres détenteurs qui se seront soumis aux susdites dispositions.

X.

Réserve au roi de la faculté de réunir à son domaine, en remboursant préalablement les finances d'engagement, les portions de terreins enclavées dans ses forêts; ou qui y sont contigues et à la proximité des maisons royales, même les petites portions démembrées du corps du domaine qui y sont tellement enclavées qu'elles nuisent à son exploitation.

X I.

Dispense aux détenteurs confirmés de fournir au vœu des réglemens

réglemens antérieurs tous les cinq ans des états en détail; à charge de déclaration à chaque mutation.

XII.

Confirmation étendue aux détenteurs sans titre avec remise des fruits du passé, qui se conformeront aux dispositions précédentes.

XIII.

Exception des droits de péage seulement.

XIV.

Exception des domaines situés dans les duchés de Lorraine et de Bar.

Ce réglement ayant précédé de peu le régime de la liberté, offre des moyens faciles de recherche; nous les indiquerons au chapitre des obligations des préposés de la régie.

PARAGRAPHE II.

LÉGISLATION *domaniale des pays réunis à la France depuis* L'ORDONNANCE *de 1566.*

Les pays réunis à la France depuis l'ordonnance de 1566, sont la Flandre, l'Artois, le Hainault, l'Alsace, la Lorraine, la Franche-Comté, la Bresse, le pays de Gex et le Valromai, le Roussillon, la Navarre et le Béarn, et enfin les ci-devant principautés de Dombes, de Sédan (1) et d'Orange.

(1) Les propriétés foncières de la principauté de Sédan, ont été rendues à la maison de Bouillon, comme on le verra ci-après.

G

FLANDRES, ARTOIS ET HAYNAUT.

Après avoir été long-tems sous la domination des rois d'Espagne, la Flandre fut cédée à Louis XIV par les traités des Pyrenées et de Nimègue en 1659 et 1678.

L'Artois fut démembré de l'ancien domaine de la couronne par Charles le chauve qui, en 863, le donna pour dot à Judith sa fille, en la mariant avec Baudoin, dit Bras de fer, comte de Flandres. Il fut réuni en 1180 par le mariage de Philippe-Auguste, avec Isabelle de Hainaut, fille de Baudoin. Enfin, après une nouvelle désunion qui dura plusieurs siècles, Louis XIII fit la conquête de cette province en 1640, et elle fut définitivement réunie à la couronne par le traité des Pyrenées en 1659, et par celui de Nimégue en 1678.

Le Hainaut a été également réuni à la France par ces deux traités.

Dans la Flandre et dans l'Artois, le principe de l'inaliénabilité des domaines du souverain était incontestable; ce qui le prouve, c'est que ces deux provinces avaient toujours fait une partie intégrante du royaume de France avant le traité de Pavie arraché en 1526 à François Ier. pendant sa prison, traité par lequel Charles Quint fit renoncer ce prince à la souveraineté de la France sur ces deux provinces.

On sait que les Cours et Etats du royaume protestèrent contre ce traité, et que la possession de la maison d'Autriche, quoiqu'elle eût duré environ deux cents ans, a toujours été regardée en France, comme l'effet de la violence.

Le retour de ces provinces à la domination française a dû, par conséquent, *jure post liminium*, faire rentrer tous les domaines aliénés pendant cet espace de tems sous les lois de l'inaliénabilité établie dans le royaume.

Mais veut-on encore les considérer comme soumises aux lois émanées des souverains de la maison d'Autriche, pendant leur usurpation, soit à celles rendues par les princes de la maison de Bourgogne, lorsqu'ils possédaient ces provinces sous le ressort et la souveraineté de la France, les détenteurs de domaines n'en seraient pas traités plus favorablement. En effet, dans une ordonnance du 6 août 1446, enregistrée en la chambre des Comptes de Lille, Philippe, duc de Bourgogne, s'explique dans les termes suivans :

« Nous ordonnons que d'icelui notre domaine ne ferons » plus aucun don à vie, à rappel ni autrement, en quel» que manière que ce soit ; » il ajoute : « Et afin de » réintégrer notre domaine, abolissons et mettons au » néant par cette ordonnance tous dons par nous faits » d'icelui à quelque cause que ce soit, ensemble toutes » lettres qu'ils en ont ou peuvent avoir sous quelques for» mes et paroles qu'elles soient.

Il est vrai que dans cette ordonnance, il n'est pas fait mention des aliénations faites à prix d'argent et à titre de propriété incommutable, mais elle n'en prouve pas moins que le principe de l'inaliénabilité des domaines était admis dans les Pays-Bas, parceque, autrement, le prince n'aurait pu valablement révoquer les dons faits par lui à perpétuité et déposséder les donataires ou les ayant cause.

Une autre ordonnance du 22 mars 1453 proscrit non-seulement les dons, mais encore les aliénations dans les termes ci-après : « Si, par inadvertence ou importunité » des réquérans ou autrement nous faisions aucuns dons, » transports ou aliénations, nous les déclarons nuls et de » nul effet et valeur, sous quelques formes ou manières » ou paroles que les lettres en soient faites. »

Ces expressions génériques s'appliquent à toutes les aliénations, même à celles faites à prix d'argent, et à titre de propriété incommutable, et ne permettent pas de croire que le principe de l'inaliénabilité du domaine dans les Pays-Bas, puisse être restraint aux dons et engagemens.

Les ordonnances dont nous venons de rapporter les dispositions, ont été suivies de celles de 1531, 1540 et 1545, qui sont conçues dans les mêmes termes. Celle de 1545 est intitulée : „ Ordonnance de Maximilien, roi des Romains, „ et de Philippe, archiduc d'Autriche, duc de Bourgogne, comte de Flandres, pour la réintégration de „ leurs domaines en Flandres, Artois, Hainaut et „ Namur. »

Elle renferme les mêmes prohibitions, et elle est d'autant plus solemnelle, qu'elle contient un réglement général pour l'administration des revenus du prince, pour l'exercice de la justice, pour la navigation, et d'autres objets d'un intérêt général.

D'après toutes ces lois qui concordent parfaitement avec celles de la France, on ne peut pas élever de doute fondé sur l'inaliénabilité des domaines de Flandres et d'Artois, mais la rentrée dans les aliénations et engagemens qui en ont été faits, doit être restrainte au cas déterminé par la loi du 14 ventôse an 7, relativement aux aliénations et engagemens faits par les anciens rois de France, auxquels ceux faits en Flandres et en Artois, doivent être assimilés en tous points.

Cependant quelques jurisconsultes ont prétendu que les aliénations à titre d'inféodation ou de propriété incommutable, devaient être respectées lorsqu'elles étaient antérieures à l'époque de leur réunion à la France. Pour détruire cette opinion, il suffira d'observer que presque tous les détenteurs des domaines aliénés à titre de propriété incommutable, pendant la possession de la maison d'Autriche ont payé les droits de confirmation établis en vertu des édits de 1695, 1702 et 1708, et que beaucoup s'étaient déjà soumis à l'exécution de l'arrêt du conseil du 14 janvier 1781, lorsqu'il fut suspendu.

La Hainaut était régi par des lois particulières qui doivent le faire ranger dans une classe différente de la Flandre et de l'Artois.

Avant les traités des Pyrennées et de Nimégue, qui le firent passer sous la domination française, il n'avait jamais fait partie du royaume. Il n'est devenu pour la première fois *province de France* qu'en vertu de ces traités, et il n'est, par conséquent sous aucun rapport, susceptible de l'application du droit de POST LIMINIUM. Il doit être considéré, relativement aux aliénations antérieures à sa réunion à la France, dans l'état où il se trouvait à cette époque, d'après les lois qui y étaient en vigueur.

Ces lois étaient celles promulguées par les souverains des maisons de Bourgogne et d'Autriche, que nous avons ci-dessus citées relativement à la Flandre et à l'Artois, parce que, de même que ces deux provinces, le Hainaut était sous la domination des princes de ces maisons, mais elles ont reçu une modification des dispositions des chartes du Hainaut, qui formaient le corps complet du droit public de cette province.

Ces chartes décrétées par le souverain en 1619, et postérieurement à ces lois, admettaient la prescription contre le prince pour ces héritages et actions réelles, et ses autres droits domaniaux, par une possession paisible et continuelle de quarante ans. (Art. 17 du chapitre 107.)

D'après ces dispositions, il a toujours été tenu pour principe en Hainaut que les aliénations à titre de propriété incommutable, faites quarante ans avant les deux époques de la réunion de cette province à la France sont couvertes par la prescription, et doivent être considérées comme des propriétés incommutables. Mais doit-on envisager sous le même rapport celles qui, au moment de ces réunions respectives, n'avaient pas encore acquis la prescription de quarante ans. Nous ne le pensons pas, elles sont révocables en vertu des susdites lois.

Quant aux simples engagemens avec clause de rachat perpétuel, aux dons, concessions et transports à titre gratuit avec clause de retour, ils doivent être révoqués comme ceux qui ont eu lieu dans l'ancien territoire de la France, les lois qui les régissaient ne consacrant aucune exception en leur faveur.

ALSACE.

Après avoir fait long-tems partie du gouvernement d'Allemagne, cette province est revenue à la France par le traité de Munster, du 24 octobre 1648. Elle lui a été irrévocablement cédée par celui de Riswych, conclu le 30 octobre 1697.

Avant le traité de Munster, elle était sous la domination des archiducs de la maison d'Autriche, mais partagée en plusieurs souverainetés particulières ; le régime féodal qui gouvernait les Etats de la Germanie y consacrait divers principes de droit public.

Les biens et droits appartenans à l'Empire étaient imprescriptibles, inaliénables. En veut-on une preuve ? La plupart de ces propriétés ayant été aliénées, l'empereur et les Etats ont souvent délibéré sur les moyens à prendre pour rétablir le domaine de l'Empire, et les lois qui tiennent au droit public, telles que la capitulation de CHARLES V et autres postérieures contiennent plusieurs dispositions à ce sujet.

Il n'en était pas de même des domaines appartenans à des princes particuliers : certes, disent les publicistes. *De ea alienatione nulla extat prohibitio, neque hujus modi bona de ejus natura, sunt inalienabilia de domanio Gallo-*

rum traditur: suivant cette maxime du droit public, leurs biens domanianx pouvaient être aliénés.

D'après ces bases, les archiducs d'Autriche ont pu aliéner les biens qu'ils possédaient en Alsace avant le traité de Munster, et les aliénations de cette nature sans réserve ni clause de retour doivent être regardées comme irrévocables, mais il en est autrement des aliénations faites à titre d'engagement ou sous la faculté de rachat, ou à durée de famille. En effet, par le traité de Munster, non-seulement la souveraineté de l'Alsace, des villes, forteresses, bois et forêts, ont été cédés et abandonnés à la France, mais même tous les droits régaliens et *tous autres droits et appartenances quelconques sans réserves aucunes*. Il en résulte que la faculté de rentrer dans les domaines engagés et d'exercer les rachats a été transmise aux rois de France; aussi Louis XIV a-t-il réuni en 1672, la terre de Florimond, située en Haute-Alsace, et dépendante du domaine des archiducs, laquelle était tenue à titre d'engagement par le comte de Sugger, moyennant un finance de 25,134 florins du pays.

LORRAINE.

La Lorraine a été cédée au roi de Pologne Stanislas Ier., en 1736, pour être réunie à la France après sa mort. Cette réunion a été déclarée définitive, sauf la jouissance du roi de Pologne par le traité de paix conclu à Vienne le 18 novembre 1738, entre Louis XV, l'empereur et l'Empire.

La déclaration signée le 11 avril 1736, contient la convention suivante.

» Le roi Stanislas et S. M. T. ne prétendront aucune » sujétion de qui le duc de Lorraine n'en prétendait pas,

» et ils donneront toute l'assurance possible contre toute » idée de réunion. »

Après la signature du traité de cession et de cette déclaration, on procéda à la rédaction de la cession effective, qui fut signée le 28 août 1736. L'art. 2 est conçu en ces termes :

» Le roi, beau-père de S. M. T. C., entrera en possession de tout ce que S. A. R. le duc de Lorraine possède dans la Lorraine, appartenances et dépendances, » soit d'ancien patrimoine, acquisitions ou biens allodiaux, » et à quelque titre que ce puisse être, à l'exception » néanmoins du comté de Falkenstein, appartenances et » dépendances; le tout dans le même état qu'il était possédé par S. A. R. le duc de Lorraine, au jour de l'échange des ratifications des préliminaires, (3 octobre » 1735.) et pour être immédiatement après le décès du » roi, beau-père de S. M. T. C., réuni en pleine propriété, souveraineté, et à toujours à la couronne de » France. »

Depuis la signature des préliminaires, le duc de Lorraine avait réuni au comte d'Argenteau la moitié du comté de Merci, qui avait été acquise du général de Merci, par le duc Léopold, et pour indemniser le prince de Craon du don qui lui en avait été fait, le duc lui avait rendu la baronnie de Saint-Georges et dépendances, qui lui avait déjà été donnée une première fois par le duc Léopold.

Cet arrangement occassionna une seconde déclaration, dont voici la teneur :

« Nous soussignés (de la Porte-Duteil) déclarons au » nom de S. M T. C. qu'elle traitera selon toute justice » et équité, et même le plus favorablement qu'il se » pourra, ceux à qui depuis la signature des préliminaires » il a été rendu des domaines, et que, dès-à-présent, » S. M. T. C. consent de laisser subsister ce qui a été

» ainsi fait en faveur de MM. de Craon et de Mercy,
» sans pour cela rien défalquer sur la somme qui doit
» être payée annuellement à M. le duc de Lorraine. »

De ces dispositions, les engagistes des domaines de Lorraine s'appuient, pour soutenir que toute réunion quelconque des mêmes domaines serait une infraction au traité de cession de cette ancienne province. Cependant, on n'y voit que des exceptions particulières des mutations ou conventions conditionnelles, et non une condition expresse et absolue de la cession des deux duchés. On n'y déroge point au droit de réversion des domaines, droit consacré par une multitude d'ordonnances.

Sans recourir aux maximes générales, suivant lesquelles l'inaliénabilité du domaine public est la loi universelle de tous les états, il est démontré par une foule de titres et de monumens authentiques que cette loi a toujours existé en Lorraine.

Il existe au trésor des chartes à Nancy, des lettres données par le duc René II, le 20 octobre 1444, dans lesquelles il proteste contre toute aliénation qui aurait pu être faite des parties du domaine public. Le même principe a été confirmé par une autre ordonnance du 21 décembre 1446, qui a été suivie de nombre d'autres, portant révocation des aliénations, notamment celles du duc Charles III, du 27 juin 1561, du duc Charles IV, du 2 septembre 1661.

Le duc Léopold même, dont toutes les années ont été marquées par des dons de parties considérables du domaine public a rendu les ordonnances des 28 décembre 1714, 31 décembre 1719, et 18 mars 1722, où il déclare que les anciennes lois concernant l'inaliénabilité et l'imprescriptibilité du domaine des duchés de Lorraine et de Bar sont des lois fondamentales de l'Etat, d'après lesquelles il pourrait ordonner la réunion de toutes les aliénations à quelques titres et à quelque tems qu'elles eussent été faites.

Un édit donné par le même duc Léopold, au mois de novembre 1728, enregistré le 25 du même mois en la cour souveraine et en la chambre des comptes de Nancy, porte, article 8 : « Les possesseurs de nos domaines aliénés ne » pouvant être considérés que comme simples usufruitiers, » la propriété d'iceux étant toujours restée par devers » nous, lesdits biens ne seront susceptibles d'aucunes char- » ges ni hypothèques qui puissent en empêcher la réunion, » soit par nous ou les ducs nos successeurs, et ils ne pour- » ront être décrétés sous quelque prétexte que ce puisse » être. »

Un autre édit du duc François III, du mois de juillet 1729, registré le 14 du même mois, confirme l'ancienneté et l'inviolabilité de ces principes en Lorraine. Cet édit qui révoque les aliénations faites depuis 1698, a été pleinement exécuté sans aucune contradiction.

Enfin, un édit du mois de février 1779, qui autorise dans les duchés de Lorraine et de Bar la formalité des décrets en faveur des créanciers des détenteurs des fonds domaniaux, ordonne expressément que ces décrets ni lettres de ratifications ne pourront préjudicier au droit de réversion et de réunion à la couronne qui demeure réservée à S. M. L'enregistrement pur et simple de cet édit par le parlement de Nancy, le 29 avril 1779, et par la chambre des comptes de la même ville, le 21 du même mois est un nouvel hommage public et solemnel rendu au principe de l'inaliénabilité du domaine dans les deux duchés de Lorraine et de Bar.

Ces autorités peuvent-elles être détruites par les termes des conventions rappelées? nous ne le pensons pas.

En effet, la déclaration faite au nom du roi par Laporte-Duteil, le 28 août 1736, ne présente qu'une exception particulière en faveur de la famille Craon et Mercy. En admettant qu'il fût possible de faire fléchir le principe à leur égard, on ne pourrait certainement rien en inférer en thèse générale contre le droit de réunion dont cette exception confirmerait au contraire le principe s'il avait besoin de l'être.

La cession effectuée, signée le même jour 28 août 1736, ne contient aucune clause qui déroge au droit de réversion des domaines aliénés, droit consacré par des siècles et par une multitude d'ordonnances successives qui se confirment mutuellement.

Il en est de même de la déclaration du 11 avril 1736, qu'invoquent notamment les engagistes de la Lorraine : elle dit bien : le roi Stanislas et S. M. T. C. donne toute l'assurance possible contre toute idée de réunion ; mais d'après les termes mêmes dans lesquels cette clause est conçue, il est évident que ce n'est point une condition absolue de la cession des deux duchés, mais simplement une convention conditionnelle qui ne doit être exécutée qu'autant qu'il sera possible. Elle ne déroge point d'ailleurs au traité contenant *réunion en pleine propriété, souveraineté et à toujours à la couronne de France.*

Mais il y a plus encore, en vertu du traité de Vienne, le duc François III fit, le 13 décembre 1736, une cession des duchés de Lorraine et de Bar. Les termes dans lesquels elle est conçue, ne permettent aucun doute sur la question. Elle porte :

Nous François III, etc. avons cédé et abandonné au roi de Pologne, et après son décès, à S. M. très-chrétienne en tout droit de propriété *et souveraineté, ainsi et de même que nous en avons joui jusqu'à présent, notre duché de Bar, tant appellé Barrois mouvant que non-mouvant*, appartenances et dépendances, soit d'ancien patrimoine, acquisitions ou biens allodiaux, et à quelque titre que ce puisse être.

Déclarons en outre, que nous céderons et abandonnerons pareillement sous les mêmes clauses et conditions énoncées, tant par les articles préliminaires, que par la convention du 28 août 1736, pour le tems y stipulé, notre duché de Lorraine, les appartenances et dépendances, soit d'ancien patrimoine, acquisitions ou biens allodiaux, et à quelque titre que ce puisse être, à l'exception de ce qui nous a été reservé par cette même convention, etc.

Il a été précédemment établi que les lois du pays avant la réunion consacraient le principe de l'inaliénabilité, le droit de réunion a donc été cédé comme tous ceux qu'exerçait le duc avant la cession, et toutes les aliénations faites contrairement auxdites lois, sont révocables.

Aucune puissance, autre que la nation assemblée, ne pouvait changer ni modifier la loi constitutionnelle de l'inaliénabilité, et il ne résidait dans les deux souverains aucune propriété personnelle, aucune faculté de disposer qui pût altérer en manière quelconque le droit de l'Etat.

Mais jusqu'à qu'elle époque doit-on faire remonter l'exécution de la loi du 14 ventose an 7? Le dernier édit qui a précédé la cession du duc François III, détermine le principe à cet égard. Il n'ordonne que la réunion des domaines aliénés depuis et compris l'année 1698, toutes les aliénations antérieures sont donc confirmées à moins qu'elles ne contiennent clause de retour ou réserve de rachat.

FRANCHE COMTÉ.

Conquise en 1674. Elle a été cédée à la France par le traité de Nimègue fait avec l'Espagne, le 17 septembre 1678.

Les principes d'inaliénabilité qui régissaient les domaines possédés par les princes de Bourgogne et ensuite ceux de la maison d'Autriche dans la Flandre, l'Artois et le Hainaut, sont applicables à ceux qui leur appartenaient dans la Franche Comté. Nous nous référons en conséquence aux observations que nous avons faites ci-dessus, sur ce qui concerne ces trois provinces. Il faut cependant observer que, par lettres-patentes du 28 septembre 1728, Louis XIV a restreint les recherches à faire dans le comté de Bourgogne aux aliénations faites depuis 1674, époque de la conquête.

Ainsi toutes les aliénations à perpétuité, faites avant 1674, sont confirmées. Celles au contraire faites à tems ou avec clause de retour aux mêmes époques, et toutes celles faites depuis, sont comprises dans la révocation prononcée par l'article IV de la loi du 14 ventôse an 7.

BRESSE, PAYS DE GEX, BUGEY ET VALROMEZ.

Ces pays ont été cédés à la France par le duc de Savoye, en échange du marquisat de Saluces, par le traité de Lyon, du 17 juin 1601.

Les lois domaniales émanées des ducs de Savoye, ne permettent d'élever aucun doute sur l'inaliénabilité des domaines qu'ils possédaient dans ces provinces.

Dès 1445, le duc Louis de Savoye, à l'exemple des princes ses voisins, et notamment des rois de France, défendit, par une loi positive et immuable, toutes aliénations de son domaine, à quelque titre et pour quelque cause que ce fût, et les déclara nulles de plein droit et par le seul fait.

Cette prohibition fut ensuite confirmée par lettres-patentes d'Amédée, de 1449, portant en outre défenses aux juges d'avoir égard à aucune aliénation de son domaine.

Amédée VIII, qui régnait en 1470, révoqua également toutes les aliénations qui avaient pu être précédemment faites, et pour empêcher qu'on ne pût éluder l'exécution de la loi par des distinctions et des interprétations arbitraires, le duc Charles déclara en 1484 que la prohibition d'aliéner comprenait les petites terres domaniales comme les grandes.

Ces défenses furent réitérées par lettres patentes de 1497 et 1507. Enfin, Charles Emmanuel déclara en 1624, comme loi fondamentale, l'inaliénabilité de ses domaines.

Du rapprochement de ces différentes lois, il semble résulter que dans la rigueur des principes les aliénations des domaines faites par les ducs de Savoye avant le traité de Lyon de 1601, sont sujettes à révocation. Cependant l'ancienne administration des domaines ayant voulu obliger des détenteurs, dont les contrats antérieurs à la réunion, portaient translation de propriété incommutable, sans réserve ni retour, de satisfaire à l'arrêt du conseil du 14 janvier 1781, le conseil décida qu'ils ne devaient pas fournir la déclaration prescrite par cet arrêt, soit parce que ces anciennes aliénations lui parurent avoir été confirmées par le traité de Lyon, soit qu'il craignit de jeter le trouble dans les familles, en leur appliquant les principes sévères de l'inaliénabilité absolue.

Il paraît juste de mettre aux recherches qui auraient pour objet les aliénations faites avant le traité de 1601, le même terme et les mêmes modifications qu'à celles qui concernent le domaine ancien de la couronne. Ainsi, l'article 4 de la loi du 14 ventôse an 7, voulant que les engagemens d'une date antérieure à l'ordonnance de 1566, ne soient sujets à rachat perpétuel qu'autant qu'ils en contiendraient la clause expresse, nous pensons qu'il convient d'appliquer la même règle aux engagemens faits par le duc de Savoye, antérieurement à 1566.

ROUSILLON.

Cette province a été réunie à la France par le traité des Pyrennées, du 7 septembre 1659. Elle faisait, avant, partie du royaume d'Arragon. Lors de sa réunion, le principe de l'inaliénabilité du domaine de l'Etat y était consacré par une foule de lois anciennes.

Pierre IV, roi d'Arragon, par des lettres de jussion qu'il adressa au procureur-royal des comtés de Rousillon et de Cerdagne, datées de Villefranche en Conflans, du 3 des kal. de septembre 1344, enjoignit à cet officier du domaine de procéder incessamment à la saisie féodale des terres, lieux, justices, revenus domaniaux et autres biens féodaux du domaine de sa couronne aliénés dans le Roussilon, ce qui suppose que la maxime de l'inaliénabilité était déjà consacrée par le droit public de ce pays.

Par une pragmatique du 31 août 1387, Jean premier, considérant que le domaine royal avait été prodigieusement diminué par les aliénations des justices et autres droits régaliens, ordonna qu'ils seraient repris et réunis incessamment à son domaine, moyennant le remboursement des sommes que les possesseurs justifieraient en avoir payé réellement et sans fraude.

Une autre pragmatique célèbre faite à Saragosse le 15 janvier 1398, du consentement et en présence des grands fondataires du royaume, et à la sollicitation des cités et villes royales, contient et confirme les mêmes principes; par cette loi, Dom Martin, roi d'Arragon, s'oblige de ne faire aucune vente de son domaine, sous quelque prétexte que ce soit, et déclare nulles et de nul effet toutes celles qui pourraient être faites de quelques formes qu'elles fussent revêtues.

On pourrait encore citer d'autres lois postérieures, telles

que celles des 11 décembre 1423, 12 juin 1444, et 18 mai 1447, qui contiennent les mêmes dispositions, et prouver par différens exemples qu'elles ont été exécutées par les rois d'Arragon. Les rois de France ayant été subrogés aux droits de ces souverains, il est incontestable que la nation a celui de rentrer dans la possession de tous les domaines qu'ils ont aliénés.

Ainsi l'article 4 de la loi du 14 ventose an 7, doit être exécuté en tout ce qui concerne les aliénations faites dans le ci-devant Roussillon, comme dans les autres provinces qui composaient la France en 1566.

NAVARRE, BEARN, DUCHÉ D'ALBRET, etc.

La Navarre et le Béarn ont été réunis de fait à la couronne de France, lorsqu'Henri IV y parvint en 1589. Cette réunion a été confirmée par un édit du mois de juillet 1607.

L'inaliénabilité des domaines de ces pays paraît incontestable, et elle est établie par les statuts particuliers qui les régissaient; mais il importe de remarquer que ce principe n'est pas applicable aux biens patrimoniaux que possédait Henry IV dans la Gascogne, le Périgord, le Limosin, la Picardie, l'Artois, etc. En effet, ces sortes de biens formaient des propriétés privées entre les mains de ce prince; ils étaient régis par les mêmes lois que ceux des particuliers, et il est certain qu'avant son avènement au trône il a pu les aliéner à titre de propriété incommutable.

Tel était notamment le comté d'Albret érigé en duché pairie par lettres-patentes de Henri II, du mois de décembre 1556, en faveur d'Antoine de Bourbon, roi de Navarre et de Jeanne d'Albret son épouse. Ce pays fut ensuite donné par contrat du 20 mai 1651 en contre-échange

échange au duc de Bouillon, pour la principauté de Sédan, réunie en 1642 ; cet échange n'était pas revêtu des formalités prescrites par les lois, il a été en conséquence annulé par décret du 8 floréal an 2.

La loi du 10 frimaire an 2 intervint. On prit possession des biens donnés en échange au ci-devant duc de Bouillon ; mais un décret postérieur du 7 nivose an 5, avait ordonné que les échangistes ainsi dépossédés, seraient réintégrés dans les biens dont ils avaient été dépouillés. Excipant de ses dispositions, le représentant de l'échangiste avait obtenu réintégration dans plusieurs parties des biens du duché d'Albret. Cependant cette loi n'avait pas rapporté celle du 8 floréal an 2, et elle ne validait point les échanges non-consommés. Aussi, par arrêté du directoire exécutif, du 9 fructidor an 6, toutes les réintégrations prononcées en faveur du citoyen Latour d'Auvergne, ont été annulées.

En résumant ces observations, l'article 4 de la loi du 14 ventose an 7 est applicable, sans exception, à toutes les aliénations faites dans la Navarre et le Béarn, mais son exécution doit être restrainte, pour les biens que tenait Henri IV à titre singulier avant son avènement au trône, à l'époque de 1589, en ce qui concerne celles à titre de propriété incommutable.

LES CI-DEVANT PRINCIPAUTÉS DE DOMBES, D'ORANGE ET DE SEDAN.

La principauté de Dombes, formée des débris du second royaume de Bourgogne a passé par les femmes dans la maison de Savoie : elle fut unie à la couronne en 1531, délaissée en 1561 à Louis de Bourbon, duc de Montpensier, et donnée ensuite au duc du Maine, par mademoiselle de Montpensier en 1681. Enfin, Louis XV l'a acquise en 1762 du comte d'Eu, fils du duc du Maine, par un contrat d'échange.

La principauté de Sédan avait été réunie à la France en 1642, par saisie sur le duc de Bouillon; qui était entrée dans la conjuration de Cinq-Mars; il en avait été dédommagé par le duché d'Albret, qui lui avait été donné en contre-échange, par contrat du 20 mai 1651; mais cet échange ayant été annulé par décret du 8 floréal an 2, la propriété de la ci-devant principauté de Sédan, est revenue à la famille Bouillon.

La principauté d'Orange fut cédée à Louis XIV en 1713 par Frédéric-Guillaume, roi de Prusse, et cette cession fut confirmée par le traité d'Utreckt; les domaines et droits en dépendans, à l'exception de la souveraineté, passèrent ensuite à la maison de Conty qui les céda à Louis XV en 1758 par un contrat d'échange.

Les domaines de ces petites principautés ne paraissent exiger aucune discussion particulière. Elles ont été réunies à la France par des contrats d'échange, et on ne voit pas que le droit de rentrer dans les domaines aliénés antérieurement à titre de propriété incommutable ait été transmis par les contrats. Ainsi, sans rechercher si les lois publiques de ces pays autorisaient ou non les aliénations des biens des princes, nous pensons que toutes celles antérieures aux réunions, et qui portent le caractère d'une véritable expropriation doivent être maintenues au vœu de l'article IV de la loi du 14 ventose an 7.

CHAPITRE II.

Législation nouvelle.

Le domaine de l'Etat est le patrimoine de tous, il ne devait pas être aliéné par la volonté d'un seul. Sous une monarchie, l'inaliénabilité des domaines de la couronne est un principe conservateur des droits du peuple. Sous un gouvernement représentatif, ce principe devient sans objet, il serait même préjudiciable à l'intérêt public, qui exige que les biens soient vendus par partie, et divisés dans beaucoup de mains. On tient plus à sa patrie quand on y tient par le charme de la propriété, et les terres se fertilisent sous la main du Colon industrieux, qui les cultive avec bien plus de succès que l'administration la plus active et la plus éclairée.

Ce principe consacré, il fallait établir la consistance du domaine, et rendre à la nation tous les biens qui lui avaient été enlevés, c'est ce qu'a fait l'assemblée constituante, par la loi du 1er. décembre 1790.

Par cette loi, est défini le domaine; par elle, est fixé le principe de la réunion des biens particuliers du prince qui parvenait au trône, et de ceux qu'il acquérait comme roi, même de ceux qu'il acquérait à titre singulier, à l'époque de sa mort. Cette loi détermine aussi les formalités qui ont dû être remplies pour la légalité des échanges; formalités que les lois postérieures n'ont pas abrogées.

A la loi du 1er. décembre 1790, succéda celle du 3 septembre 1792, qui précisa le mode des réunions et autorisa la régie de l'enregistrement chargée depuis de celle des domaines, à prendre possession des biens dont l'aliénation serait constatée. Cette loi resta presque sans exécution, les détenteurs n'avaient pas d'intérêt à déclarer les biens qu'ils tenaient à titre d'engagement, et pour s'en procurer la connaissance, il fallait se livrer à des recherches pénibles et infructueuses, on voulut forcer les déclarations, on établit des peines sévères contre ceux qui ne les feraient pas et ne produiraient pas leurs titres dans un délai très-court; de-là, la loi du 10 frimaire an 2; l'effet en fut suspendu par celle du 22 frimaire an 3; mais les séquestres apposés restèrent sur les biens dont on avait pris possession. L'intérêt de la république qui n'avait qu'une jouissance douteuse ou précaire des biens dont il avait été pris possession en son nom, appellait une nouvelle loi; elle fut enfin rendue le 14 ventose an 7.

Nous la considérerons sous un rapport général, nous appliquerons ses différentes dispositions dans le troisième titre de cet ouvrage.

ARTICLE PREMIER.

„ Les aliénations du domaine de l'Etat, consommées „ dans l'ancien territoire de la France avant la publica- „ tion de l'édit de février 1566, sans clause de retour ni „ réserve de rachat, demeurent confirmées. „

Ainsi les possesseurs de biens nationaux aliénés sans clause de retour avant 1566, sont regardés comme propriétaires incommutables, et ne peuvent être inquiétés.

I I.

„ En ce qui concerne les pays réunis postérieurement à „ la publication de l'édit de février 1566; les aliénations

« de domaines, faites avant les époques respectives des réu-
« nions, seront réglées suivant les lois, lors en usage dans
« les pays réunis, ou suivant les traités de paix ou de
« réunion. »

Nous avons fait connaître au §. 2 du chapitre premier de la seconde partie de cet ouvrage, les lois ou stipulations des traités de réunion de ces pays. En les rapprochant de cet article, son interprétation est facile. Si les aliénations n'étaient, suivant les lois du pays, que des engagemens révocables à perpétuité; elles sont définitivement révoquées, à moins qu'il n'y ait été dérogé par les traités de paix ou de réunion. Si au contraire ces mêmes aliénations transmettaient une propriété incommutable, ou si les traités de paix ou de réunion contiennent des stipulations portant que les possesseurs de domaines aliénés ne pourront être recherchés en aucune manière; dans ces deux cas, elles demeurent confirmées.

III.

« Toutes les aliénations du domaine de l'Etat contenant
« clause de retour ou réserve de rachat faites à quelque
« titre que ce soit, à quelque époque qu'elles puissent re-
« monter, et en quelque lieu de la république que les
« biens soient situés, sont et demeurent définitivement
« révoqués. »

Cet article s'applique aux pays réunis depuis 1566, comme à l'ancien territoire de la France. La clause de retour ou de rachat consacre le droit qu'a la nation de rentrer dans son bien, comme propriétaire. Elle pouvait avec justice, dans ce cas, n'attribuer aux aliénataires que le remboursement de leurs finances et de la valeur de leurs impenses et améliorations; son intérêt même l'exigeait, car les aliénations de cette nature ont souvent été faites à titre gratuit par faveur ou pour récompenses de services ; d'ailleurs, plus les aliénations remontent à des siècles reculés, plus la finance qui en a représenté le prix a été inférieure à leur véritable valeur ; mais le législateur n'a pas cru devoir faire de distinction.

I V.

„ Toutes autres aliénations, même celles qui ne con-
„ tiennent aucune clause de retour ou de rachat faites ou
„ consommées dans l'ancien territoire de la France, pos-
„ térieurement à l'édit de février 1566, et dans les pays
„ réunis postérieurement aux époques respectives de leur
„ réunion, sans autorisation des assemblées nationales,
„ sont et demeurent révoquées, ainsi que les sous-aliéna-
„ tions qui peuvent les avoir suivies, sauf les exceptions
„ ci-après. „

Suivant les anciens principes établis dans la première partie de cet ouvrage, toutes les aliénations, dont il s'agit dans cet article, n'étaient que des engagemens révocables à volonté. On ne peut donc regarder comme subsistantes que celles nommément exceptées. Mais toutes ces aliénations ont différé dans leur nature, les unes ont été de purs dons, les autres des engagemens, soit avec finance, soit à rentes ; la loi ne distingue pas, elles sont donc toutes comprises dans la révocation, sauf les exceptions.

V.

„ Sont exceptés des dispositions de l'article IV ;
„ 1°. Les échanges consommés légalement et sans fraude
„ avant le 1er. janvier 1789, pour les pays qui, à cette
„ époque, faisaient partie de la France ; et, avant les
„ époques respectives des réunions, quant aux pays réunis
„ postérieurement audit jour 1er. janvier 1789.
„ 2°. Les aliénations qui ont été spécialement confirmées

„ par des décrets particuliers des assemblées nationales non-
„ abrogés ou rapportés postérieurement.

„ 3°. Les inféodations et accensemens des terres vaines
„ et vagues, landes, bruyères, palus et marais non si-
„ tués dans les forêts, ou à 715 mètres d'icelles, (100
„ perches environ) pourvu que les inféodations et accen-
„ semens ayent été faits sans fraude, et dans les formes
„ prescrites par les réglemens en usage au jour de leur
„ date, et que les fonds ayent été mis et soient actuel-
„ lement en valeur, suivant que le comportent la nature
„ du sol et la culture en usage dans la contrée.

„ 4°. Les aliénations et sous-aliénations ayant date cer-
„ taine avant le 14 juillet 1789, faites avec ou sans de-
„ niers d'entrée, de terrains épars quelconques au-dessous
„ de la contenance de 5 hectares; pourvu que lesdites
„ parcelles éparses de terrains ne comprissent, lors des
„ concessions primitives, ni des maisons appelées châteaux,
„ moulins, fabriques ou autres usines, à moins qu'il n'y eût
„ condition de les démolir, et que cette condition n'ait été
„ remplie, ni dans les villes des habitations actuellement
„ comprises aux rôles de la contribution foncière, au-
„ dessus de 40 francs de principal.

„ 5°. Les inféodations, sous-inféodations et accensemens
„ de terrains dépendans des fossés, murs et remparts de
„ villes, justifiés par des titres valables, ou par arrêté du
„ conseil, ou par une possession paisible et publique de
„ quarante ans, pourvu qu'il y ait été fait des établissemens
„ quelconques, ou qu'ils ayent été mis en valeur. „

Pour préciser ces exceptions, il faut rapprocher de l'article ci dessus, les dispositions de ceux qui suivent.

Les échanges ne sont exceptés que lorsqu'ils ont été légalement consommés avant le 1er. janvier 1789, d'après les lois des pays, réunis ou les formalités rappellées par l'art. 19 de la loi du 1er. décembre 1790. „ Ces formalités con-

« sistent dans les évaluations ordonnées par l'édit d'oc-« tobre 1711 », ratifiées par lettres-patentes enregistrées « dans les cours ». Ils peuvent même être révoqués ou anulés, quoiqu'on ait observé les formes prescrites, s'il s'y trouve fraude, fiction ou simulation prouvée par la lésion du quart, eu égard au tems de l'aliénation.

Les inféodations et accensemens des terres vaines et vagues, landes, bruyères, etc., sont exceptés; mais si le contrat d'inféodation ou d'accensement portait à-la-fois sur des terrains désignés comme vains et vagues, palus ou marais, et sur des terres désignées comme étant cultivées ou autrement en valeur, sans énonciation de contenance des uns et des autres, la révocation aurait lieu pour le tout.

Il en serait de même, si les objets aliénés sous le nom de terres vaines et vagues, landes, bruyères, palus et marais, étaient, lors de l'aliénation, des terrains en culture ou valeur; mais il faut que la frauduleuse qualification soit préalablement prouvée, soit par la notoriété publique et par enquêtes, soit par actes écrits mis en opposition avec l'acte qui contient l'aliénation. La présomption deviendra preuve suffisante, si les aliénations de cette nature ont été faites à des ci-devant gentils-hommes titrés, ou autres personnes ayant charge à la cour; cependant la révocation ne peut, dans ce cas, atteindre les sous-inféodataires, à moins qu'ils ne réunissent les mêmes qualités.

Les mêmes dispositions s'appliquent enfin aux inféodations, dons ou concessions faits par un seul acte, et en entier, de tous les murs, remparts et fortifications des villes ou terrains en dépendans, et les révocations d'engagemens s'étendent sur tous les biens que les engagistes auraient pu réunir par puissance féodale, ou à titre de retrait féodal ou censuel, résultant de son contrat d'aliénation.

(Ces dispositions sont celles des articles 6, 7, 8, 9, 10, 11 et 12 de la loi.)

La loi remet à statuer, (Art. 33.)

1°. Sur les concessions faites à vie seulement, ou pour un tems déterminé, soit par baux emphytéotiques, soit par baux à cens ou à rentes.

2°. Sur les concessions de terrains, à quelque titre que ce soit, faites dans les colonies françaises des deux Indes.

3°. Sur la nature des îles, îlots et attérissemens formés dans le sein des fleuves et rivières navigables, alluvions y relatives, lais et relais de la mer.

Par concession à vie ou tems déterminé, on n'a point entendu les maintenues en jouissance d'engagement accordées pour la vie du dernier roi, en exécution de l'arrêt du conseil du 14 janvier 1781. Ce ne sont pas de nouvelles concessions, puisqu'elles existaient antérieurement, mais de simples confirmations. Il faut que les clauses des engagemens primitifs expriment un abandon de jouissance à vie ou à tems déterminé pour que l'article soit applicable.

Il est également essentiel d'observer que par baux emphytéotiques, l'article 33 n'entend que les baux au-dessus de neuf ans, et à tems déterminé. Plusieurs coutumes admettaient des baux à emphytéose perpétuel; mais par leur nature et leur effet, ce sont des aliénations à perpétuité, qui n'ont pu être légalement consommées dans les principes de l'ordonnance des domaines de 1566, et par conséquent, sujettes à la révocation si elles sont postérieures à cette époque.

Au vœu de l'article 14, il doit être également statué par une loi particulière sur les concessions de forêts au-dessous de 150 hectares, ou de terrains enclavés dans les forêts nationales, et à 715 mètres d'icelles.

Cette loi admet ensuite (art. 13 et 14.) les engagistes

non-maintenus, et même les échangistes dont les échanges sont déjà révoqués ou susceptibles de révocation à acquérir la propriété incommutable des objets à eux aliénés, en s'obligeant par soumission et après déclaration préalable des objets à eux aliénés, de payer en numéraire métallique le quart de la valeur desdits biens estimés par experts.

Si les engagistes ou échangistes non-maintenus se refusent à cette faveur, la régie des domaines est tenue, après l'expiration des délais, de leur faire signifier copie des titres *primitifs*, *récognitifs* ou *énonciatifs*, tendans à établir les droits de la nation, et de poursuivre la vente des biens aliénés, sauf aux engagistes à se pourvoir devant les tribunaux pour faire valoir leurs droits, et réclamer la liquidation après expertise, des indemnités auxquelles ils peuvent prétendre, soit pour remboursement de finances, soit pour impenses ou améliorations.

Ici il se présente des difficultés importantes à résoudre.

D'abord toutes les aliénations n'ont pas été faites aux mêmes conditions.

Les unes nées de la munificence des souverains ont été de purs dons, sans réserves d'aucuns droits ni finances, ou avec des rétributions modiques.

Les autres ont été des engagemens, mais ils ont été faits de différentes manières. Jusqu'en 1724, ils étaient faits avec finances ou deniers d'entrée et une modique redevance ; depuis cette époque, on a procédé différemment. On a préféré d'imposer aux concessionnaires, des rentes représentatives du revenu des objets engagés. Tous les engagemens qui avaient été faits avec ou sans finance, ont été revisés en exécution d'un arrêt du conseil du 14 janvier 1781, (voyez pag. 95) et lorsque le produit des biens s'est trouvé excéder l'intérêt de la finance avancée, les détenteurs n'ont été confirmés qu'à la charge de payer au trésor public une rente nouvelle, ou un supplément de rente.

Les détenteurs à titre de dons, les engagistes avec finance, ceux à rente doivent-ils être au vœu de la loi rangés dans la même classe ?

Nous croyons que dans la justice et l'intérêt de la république, les législateurs auraient pu, sans trop de sévérité, imposer aux premiers des conditions plus rigoureuses, si l'on n'avait craint de frapper des tiers-acquéreurs. Mais la loi du 14 ventose ne fait aucune distinction, et l'on ne peut pas plus qu'elle distinguer.

Son vœu est plus clairement exprimé, relativement aux engagistes. Elle veut (art. 14.) qu'ils s'obligent à payer le quart de la valeur des biens qu'ils possèdent, sans égard aux finances ou deniers d'entrée qu'ils ont fournis. Elle n'accorde pas plus de faveur aux engagistes à rente. Le paiement du quart les rend propriétaires incommutables, mais ne les décharge pas du paiement de la rente qu'ils ne peuvent éteindre que par le rachat. En vain opposerait-on à ces motifs les dispositions de l'article 35, d'après lequel il n'est point dérogé aux droits et actions qui peuvent compéter à la république contre les concessionnaires ou sous-concessionnaires, maintenus purement et simplement en possession par l'article 5, à raison des redevances et prestations assignées sur les fonds et qui n'auraient pas été frappées d'abolition par les lois nouvelles. Cet article n'a de rapport qu'aux aliénations confirmées par des décrets particuliers, ou aux inféodations et accensemens exceptés en raison des avantages qu'ils ont procurés, soit à l'agriculture, soit à l'embellissement des villes. Ainsi les engagistes, moyennant une rente, sont toujours tenus de la servir, lors même que, par le paiement du quart, ils acquièrent la propriété incommutable; mais ils peuvent s'en affranchir en remboursant le capital de la rente. (Le ministre des finances l'a ainsi décidé le 18 prairial an 7.)

L'article 34 porte » qu'il n'est porté aucune atteinte à l'exécution des lois des 28 août 1792, 10 juin 1793, et autres relatives aux biens des communes ou sections de communes, et aux revendications de biens usurpés par la puissance féodale. »

On demande d'après cela si les communes qui possèdent des biens engagés postérieurement à l'édit de 1566, sont comprises dans les dispositions de la loi.

Oui, sans doute; en effet la loi du 28 août 1792, citée dans le premier paragraphe de cet article, n'a de rapport qu'au rétablissement des communes et des citoyens dans les propriétés et droits dont ils avaient été dépouillés par l'effet de la puissance féodale. Celle du 10 juin 1793, est relative au mode de partage des biens communaux. De ce que ces lois sont maintenues ainsi que les autres relatives aux biens qui appartiennent aux communes, on ne peut en induire que la loi du 14 ventose ne soit point applicable aux communes qui jouissent de domaines engagés.

Ainsi, les communes détentrices de domaines aliénés, sont astreintes aux mêmes conditions que les autres engagistes, pour en obtenir la propriété incommutable.

Mais dans ce cas, par qui seront souscrites les obligations autorisées par l'article 20, et contre qui doit-on se pourvoir en paiement de ces obligations? Les articles 30 et 31 de la loi du 11 frimaire dernier, qui fixe le mode administratif des recettes et dépenses départementales, municipales et communales, portent que dans les communes faisant partie d'un canton, les recettes communales seront faites par le percepteur des contributions directes, et les dépenses acquittées par lui sur les mandemens de l'agent municipal. A l'égard des communes formant elles seules un canton, les articles 35 et 36 ordonnent que l'administration municipale ou le bureau central, s'il en existe un, établira un préposé spécial pour les recettes municipales et communales réunies, lequel acquittera les dépenses sur les mandemens, soit de l'administration municipale, soit du bureau central. D'après cette organisation, c'est au percepteur des contributions dans les communes faisant partie d'un canton; et au préposé spécial de la municipalité ou du bureau central dans les autres; à souscrire les obligations ou cédules pour les deux tiers du quart de la valeur des biens engagés. C'est également à lui à payer le premier tiers en numéraire, dans le mois de l'arrêté de l'administration, qui aura déterminé cette valeur; mais ces engagemens ne doivent être pris qu'en vertu d'un arrêté de l'administration municipale. Si les cédules ne sont pas acquittées à leur échéance, le percepteur ou le receveur de la commune seront personnellement poursuivis pour le paiement.

On a enfin demandé si les communes pouvaient, en exécution de l'article 21, vendre une portion des biens soumissionnés pour payer le quart de l'estimation, et quelles seraient les formalités qu'elles auraient à remplir.

Une loi du 2 prairial an 5, porte, article 2, que les communes ne pourront faire aucune aliénation, ni aucun échange de leurs biens, sans une loi particulière. Il en résulte qu'il faudrait une loi pour autoriser dans les cas dont il s'agit, la vente d'une portion des domaines engagés, si cette vente pouvait être considérée comme une aliénation véritable; mais au fond, les communes acquéreront la propriété incommutable de biens qu'elles ne possédaient qu'à titre d'engagement; par cette acquisition, elles se trouveront indemnisées de la valeur de la partie qu'elles pourront être forcées de mettre hors de leurs mains, pour se procurer les moyens de payer le quart attribué au trésor public; on peut donc soutenir que les communes n'ont pas besoin d'autorisation, soit pour soumissionner lesdits biens, soit pour en vendre ensuite une partie afin de payer le quart de leur valeur, et que les formalités qu'elles ont à remplir ne sont pas différentes de celles imposées à tous les engagistes.

On a vu ci-dessus que les détenteurs d'objets aliénés étaient admis à contester la domanialité devant les tribunaux civils. Cette faculté ne leur est accordée qu'à la condition que dans le mois de la signification des titres, ils se pourvoiront par voie de mémoires aux corps administratifs, conformément à la loi du 5 novembre 1790.

Mais quel moyen de recours peuvent avoir les propriétaires qui, dépossédés en exécution de la loi du 10 frimaire an 2, ont été condamnés par un jugement d'arbitres.

La loi du 14 ventose ne s'explique point à cet égard, mais elle veut, article 27, que toutes les contestations sur la domanialité soient jugées par les tribunaux civils. Les engagistes dépossédés en vertu de la loi du 10 frimaire an 2, ont la même faculté que ceux qui, jusqu'à la promulgation de la loi du 14 ventose an 7, n'auraient pas été troublés dans leur jouissance. A cette opinion on oppose que suivant l'article 26 de la loi du 10 frimaire an 2, le jugement des arbitres devait être sans appel; mais d'abord cette loi est abrogée par celle du 14 ventose an 7. En second lieu, un jugement du tribunal de cassation rendu sur un jugement arbitral qui confirmait la prise de possession du marquisat d'Harroué, a confirmé le principe qui voulait que, d'après la suppression de l'arbitrage forcé, les engagistes fussent recevables à se pourvoir contre les décisions arbitrales rendues en exécution de la loi du 10 frimaire an 2.

Le raprochement des dispositions de la loi nous a paru présenter encore d'autres questions.

Ces articles 13 et 14 fixent le délai d'un mois, à dater de la publication de la loi, pour les déclarations à fournir par les engagistes, et celui du mois suivant pour faire la soumission du paiement du quart. L'article 22 veut qu'à défaut, par lesdits engagistes, de satisfaire aux articles précédens, la régie des domaines leur fasse signifier copie des titres tendans à établir les droits de la nation, et pour suivre la vente des biens y énoncés.

Un détenteur d'un bien aliéné peut ignorer dans les premiers momens que le bien qu'il possède provient d'une distraction du domaine de l'Etat. Les titres qui pourraient établir la domanialité ne se découvrent pas, il n'est point inquiété ; cependant instruit postérieurement que ses auteurs ont eu le bien dont il jouit par engagement, et préférant acquérir sa tranquillité, il fait sa déclaration. Le délai fixé, est-il de rigueur à son égard ? La loi ne fait aucune exception, elle prononce, article 13, la peine de déchéance contre les détenteurs qui ne profiteraient pas du délai utile pour les déclarations et soumissions. Cette disposition est expresse, elle n'est pas seulement comminatoire.

Que doit-on ensuite entendre par des titres primitifs, récognitifs, énonciatifs ? Il importe pour la jurisprudence qui doit s'établir à cet égard dans les tribunaux, de se fixer sur cette question.

Les titres primitifs s'entendent des lettres-patentes qui ont consacré les engagemens ou aliénations quelconques ; des procès-verbaux d'adjudications faites devant les commissaires départis, des arrêts du conseil ou lettres du prince qui ont autorisé les dons ou engagemens.

Les titres récognitifs sont les avœux et dénombremens, les déclarations temporaires auxquelles étaient tenus les engagistes, les reconnaissances faites depuis 1566, en exécution des différens édits, arrêts ou ordonnances de réunion ; on ne pourrait cependant présenter comme tels les déclarations faites en exécution de la loi du 10 frimaire an 2, dans lesquelles il ne serait énoncé aucuns titres. La rigueur extrême de cette loi, les circonstances dans lesquelles elle fut rendue, engagèrent nombre de propriétaires à faire une déclaration à tout évènement, elle ne pouvait les engager qu'autant que par suite, il serait reconnu qu'ils étaient dans le cas de la loi.

Il paraît plus difficile d'établir une opinion précise sur la nature des titres énonciatifs. Des inventaires, des licitations, des partages, des actes de ventes dans lesquels il est dit que tel bien, transmis par tel, provient originairement du don ou de l'engagement fait à tel, ont bien évidemment le caractère de titres énonciatifs; mais des états en détail fournis à l'administration des domaines, des liéves, cueilloirs ou colligendes, peuvent-ils être considérés sous le même rapport ? Nous croyons qu'ils doivent établir au moins une présomption suffisante de domanialité, mais pour qu'il y ait preuve, il faut que dans les titres produits, il y ait concours ou aveu quelconque des engagistes ou de leurs auteurs.

Quel doit enfin être le sort des engagistes dépossédés en exécution des lois précédentes dans le rapport de la nouvelle loi? Ou ils sont confirmés dans leur jouissance par l'effet des exceptions, ou les aliénations à eux faites sont révoquées.

Dans le premier cas, ils sont fondés à réclamer la main-levée de la prise de possession ; mais la loi n'autorise point la restitution des fruits perçus; ils sont l'indemnité des frais d'administration. Dans le second, ils doivent faire la déclaration prescrite et s'engager au paiement du quart. Mais alors peuvent-ils prétendre à la restitution des fruits ? La loi ne s'explique point d'une manière précise à cet égard; mais l'ensemble de ses dispositions, ses motifs, semblent

semblent prononcer contre eux. En effet, on voit clairement que son principal objet a été d'adoucir envers les engagistes la rigueur des lois précédentes, et qu'en bornant au quart de la valeur la somme à payer pour obtenir la propriété incommutable, elle a calculé les autres sacrifices qu'avaient pu faire les engagistes. Leur finance reste acquise à la république ; s'ils sont chargés d'une rente, ils doivent toujours la servir : par le même motif, les fruits échus depuis leur dépossession, doivent profiter à la nation.

D'ailleurs, d'après l'article 23, toutes les fois qu'un détenteur se laisse déposséder, les experts procèdent entre autres estimations, à celle des fruits perçus et recueillis par ledit détenteur, depuis et compris l'année 1791, (*vieux style*) à moins qu'il ne justifie avoir fait la déclaration prescrite par la loi du 1er. décembre 1790.

Au surplus, la cessation de jouissance par la république, doit partir du jour où le soumissionnaire devra payer les intérêts à 5 pour 100 de la somme énoncée dans l'arrêté de l'administration centrale ; ce qui, suivant l'article 20 de la loi, ne remonte qu'au jour de la prise de possession.

Quel doit être ensuite le sort des détenteurs de biens par aliénations, sur lesquelles la loi remet à statuer ? La loi se tait sur cet objet ; mais le principe n'est pas douteux. Si les engagistes n'ont pas été dépossédés, on ne peut les inquiéter ; s'il en est autrement, les choses restent *in statu quo* à leur égard, comme le ministre l'a décidé sur les effets de la loi de suspension du 22 frimaire an 3.

L'article 14 confirme toutes les ventes de biens engagés, faites par soumission, en exécution de la loi du 28 ventose an 4, et autres relatives. Cette disposition, conforme aux principes sur la validité des ventes légalement faites, laisse aux engagistes le recours en liquidation des indemnités qu'ils ont à réclamer.

Il existe des procès entre des communes et des engagistes sur la propriété des biens concédés à ceux-ci par l'ancien gouvernement. Il n'eut pas été juste, ni de dépouiller les communes du droit qu'elles peuvent avoir, ni d'obliger les engagistes à payer le quart de la valeur de biens dont ils pourraient être privés par le jugement à intervenir. L'article 34 veut que, dans ce cas, le délai de rigueur ne courre contre l'engagiste, qu'à dater du jugement définitif qui confirmerait sa possession, sauf l'intervention de la régie au procès.

Après avoir considéré la loi du 14 ventose dans son ensemble, voyons les obligations qu'elle impose, soit aux engagistes, soit aux experts, soit aux préposés de la régie, soit aux administrations centrales.

INSTRUCTIONS

SUR

LE MODE D'EXÉCUTION

DE LA LOI DU 14 VENTOSE, AN VII.

TROISIÈME PARTIE.

OBLIGATIONS

Des engagistes, des experts, des préposés de la Régie et des Administrations centrales.

PARAGRAPHE Ier.

Des obligations des détenteurs de domaines aliénés.

On distingue les détenteurs à titre d'aliénations révoquées, ceux confirmés dans leurs possessions, et ceux à titre d'aliénations sur lesquelles il est remis à statuer.

Des détentenrs à titre d'aliénations révoquées.

Nous avons expliqué, pag. 116, quelles étaient les aliénations révoquées.

Les engagistes, à ce dernier titre, ont joui paisiblement,

nonobstant les dispositions des lois des 3 septembre 1792, et 10 frimaire an 2, où ils ont été dépossédés en exécution de ces lois.

Dans les deux cas, ils doivent, dans le mois de la publication de la loi, faire à l'administration centrale du département où sont situés les biens ou la majeure partie des biens engagés ou échangés, la déclaration générale des fonds qui composent leur engagement, échange ou autre titre de concession.

Cette déclaration doit comprendre la situation, l'étendue, la consistance et la nature de tous les biens énoncés dans le titre primitif d'engagement, des droits domaniaux qui en dépendaient, et des biens qui y auraient été réunis par l'exercice du retrait féodal. (Art. 12 et 13.)

Dans le mois suivant, ils feront, devant la même administration, la soumission irrévocable de payer en numéraire métallique le quart de la valeur des biens, suivant l'estimation qui en sera faite, en renonçant à toute imputation, compensation ou distraction de finance ou amélioration. (Art. 14.)

A cette soumission sera jointe la nomination des experts des parties, et l'état signé d'eux ou de leur procureur constitué, de la consistance des biens qu'ils entendent conserver, de leur situation, de leur nature au tems de la concession, de leur état actuel et de leur produit.

Pour être admise, il faut qu'elle porte sur la totalité du domaine ou des domaines compris dans le même titre, ou sur la totalité de ce qui en reste en leur possession, autrement elle serait nulle. (Art. 15.)

Pour l'intelligence de cet article, il faut se rappeller ce que nous avons dit des différentes natures d'aliénations ou d'engagemens. Elles se divisent en inféodations et sous-inféodations, accensemens et sous-accensemens, engagemens et sous-engagemens. Les détenteurs aux titres primitifs, ont pu distraire des portions des biens à eux concédés par des sous-inféodations ou sous-engagemens.

Alors, les engagistes et sous-engagistes doivent satisfaire à la loi chacun en ce qui les concerne ; mais les premiers doivent en outre énoncer, soit dans leur déclaration, soit dans l'état des biens, ceux qui depuis le titre primitif ont été aliénés, la date des actes de sous-aliénations, et le nom des sous-aliénataires.

La soumission admise et la valeur des biens fixée d'après le rapport des experts par l'administration de département, les engagistes doivent acquitter, dans le mois de l'arrêté, le quart de ladite valeur, pour le prix de la propriété ; savoir, un tiers en numéraire, et les deux autres tiers en obligations acquitables aussi en numéraire ; un tiers dans deux mois à courir de l'expiration du premier terme, et l'autre tiers aussi dans deux mois à courir de l'expiration du second terme : le tout avec interêt sur le pied de 5 pour 100 par an, à compter du jour de la prise de possession pour ceux qui avaient cessé d'être détenteurs, et à compter du jour de l'arrêté ci-dessus, pour les autres. (Art. 20.)

Ils peuvent aussi-tôt après leur soumission, vendre une portion des biens qui y sont compris, pour payer le quart auquel ils se sont engagés, mais à la charge d'imposer à l'acquéreur la condition expresse de verser en numéraire, dans la caisse du receveur des domaines nationaux, dans les délais fixés par les articles précédens, le prix de son acquisition, jusqu'à concurrence de ce qui sera dû à la république pour le montant de ladite estimation. Le versement sera fait nonobstant toutes oppositions qui pourraient avoir lieu entre les mains des acquéreurs ; au moyen de quoi, ceux-ci demeureront subrogés aux droits de propriété de la nation, et affranchis des hypothèques du chef de leur vendeur, comme les autres acquéreurs de domaines nationaux.

Cependant, si le prix de la vente faite par l'engagiste était inférieur au montant de l'estimation, la république conserverait pour l'excédent, son privilège et son hypothèque, même sur la chose vendue jusqu'au paiement intégral du quart dû par l'engagiste, sans être tenue de poursuivre l'inscription de sa créance aux registres publics de la conservation des hypothèques. (Art. 21.)

En satisfaisant à ces différentes obligations, les engagistes non-maintenus, deviendront propriétaires incommutables.

S'ils ne profitent pas de cette faveur, ils ne peuvent réclamer qu'une indemnité équivalente au montant des finances justifiées par quittances authentiques, et à la valeur dont les biens aliénés ont été augmentés par les améliorations prouvées, défalcation préalable faite, du montant des fruits qu'ils auraient perçus et recueillis depuis et compris l'année 1791, à moins qu'ils ne justifient avoir fait la déclaration prescrite par la loi du 1er. décembre 1790. (Art. 23.)

Ces indemnités sont fixées par trois experts ; l'un, nommé par l'engagiste, les deux autres par la régie et l'administration centrale du département de la situation des biens. (Article 22.)

Le paiement de ces indemnités sera fait sur les fonds provenant de l'adjudication excédant le quart de la valeur des biens ; lesquels, à cet effet, resteront ès-mains de l'acquéreur jusqu'après la liquidation des indemnités. (Article 30.)

Si, par l'événement de la vente et de l'expertise, l'indemnité excédait ladite somme, l'engagiste la retirerait en entier, et serait remboursé du surplus de sa liquidation, comme les autres créanciers de l'Etat ; savoir, deux tiers en bons de deux tiers, et l'autre tiers en bons du tiers consolidé.

Dans le cas contraire, il peut exiger son remboursement sur le premier terme des deniers mis en réserve, subsidiairement sur les second et troisième. (Art. 31 et 32.)

Si, lors de la signification des titres qui doivent opérer sa dépossession, l'engagiste voulait en contester le mérite, il doit, dans le mois de ladite signification, se pourvoir par simple mémoire aux corps administratifs, sauf ensuite son recours aux tribunaux civils qui doivent statuer sur ces questions, comme sur toutes celles de propriétés.

Ce délai n'est de rigueur que pour le terme de l'adjudication, l'engagiste est toujours reçu à contester la domanialité ; mais avant l'adjudication, l'admission de sa demande lui rend ses biens, et après l'adjudication, ses prétentions se résolvent de plein droit en indemnités sur le trésor public. (Art. 26 et 27.)

Ces obligations sont communes aux engagistes non-maintenus et qui auraient été dépossédés en exécution des lois précédentes, ils ont les mêmes moyens de recours, et peuvent même se pourvoir par appel au tribunal civil de la situation des biens contre le jugement arbitral qui aurait confirmé leur dépossession.

Des détenteurs à titre d'aliénations confirmées.

Les aliénations peuvent être confirmées, soit parce qu'elles sont antérieures à 1566, soit d'après les traités de réunion, soit sur les lois des pays réunis à la France depuis 1566.

Les engagistes se trouvent dans l'une de ces trois espèces, ou dans les exceptions indiquées par l'article 5.

Dans le premier cas, ils ne peuvent être troublés dans leur jouissance; si, par l'effet d'une fausse application des lois précédentes, ils avaient été dépossédés, ils doivent se pourvoir devant l'administration centrale de la situation des biens, pour en être renvoyés en possession.

Dans le second cas, les engagistes doivent justifier, par leurs titres, qu'ils sont compris dans les exceptions.

S'ils tiennent par échange, ils ne peuvent être à l'abri des recherches, qu'en prouvant que l'échange a été fait avec les formes légales, et que les objets échangés sont d'égale valeur.

S'ils tiennent par inféodations, des terres originairement vaines et vagues, etc.; ils ne doivent pas perdre de vue que le défaut de formes prescrites par les réglemens, la fausse qualification des terrains désignés comme vains et vagues, la confusion avec des terres en valeur, la haute noblesse de leurs auteurs, les excluent de la faveur desdites exceptions.

S'ils possèdent au même titre des murs, remparts ou ci-devant fortifications, ils doivent s'assurer si la concession faite originairement à leurs auteurs, ne comprenait pas dans un seul et même acte tous les murs, remparts et fortifications d'une ville.

Enfin, il faut qu'ils constatent, par le rapprochement des dispositions de la loi et de leurs titres de concessions, qu'ils ont un droit bien certain aux exceptions. Cette preuve acquise, leur jouissance est assurée, et elle doit même leur être rendue s'ils avaient été dépossédés. Sans cela, leur intérêt leur commande de prévenir les recherches, et de profiter de la faveur que la loi accorde aux engagistes non-maintenus, qui veulent acquérir la propriété incommutable.

Des détenteurs à titre d'aliénations sur lesquelles il est remis à statuer.

Nous avons fait connaître dans la seconde partie de cet ouvrage, la nature des concessions sur le sort desquelles le corps législatif devait statuer par des décrets particuliers. Dans cette espèce, le sort des engagistes étant en suspens, ils ne peuvent être troublés dans leur jouissance ; mais si, en vertu des lois précédentes, ils avaient été dépossédés, les choses devraient rester à leur égard *in statu quo*. Cependant, si d'après leurs titres la domanialité pouvait être contestée, ils sont recevables, comme les autres détenteurs, à se pourvoir, dans les formes que nous avons ci-devant indiquées, auprès des tribunaux civils.

§. II

Des obligations des experts.

Lorsque l'engagiste, pour profiter de la faveur de la loi du 14 ventose an 7, fait sa soumission de payer le quart de la valeur du bien qu'il possède, ou lorsqu'on veut procéder à la liquidation des indemnités réclamées par les engagistes dépossédés, trois experts sont nommés ; l'un par l'engagiste, l'autre par la Régie, et le troisième par l'administration centrale du département de la situation des biens.

Ces experts ne peuvent, à peine de nullité, être pris parmi les citoyens détenteurs de biens nationaux susceptibles de retrait, ou dépossédés en vertu de la loi du 10 frimaire an 2, ou qui ont été ci-devant nobles, ou qui sont agens ou fermiers desdits détenteurs ou ci-devant nobles.

Celui qui, sachant qu'il est dans l'exclusion, ne le déclarerait pas, et procéderait à l'estimation, serait condamné à 300 francs d'amende par voie de police correctionnelle, à la diligence du receveur des domaines, sans préjudice des dommages-intérêts des parties. (Art. 17.)

Les frais de l'expertise sont à la charge des engagistes ou échangistes, les vacations doivent être réglées par l'administration de département; et si les experts reçoivent, en sus, des présens ou une somme quelconque, ils encourent une amende de 1,000 francs envers la république, et la peine d'un emprisonnement qui ne peut être moindre de trois mois, ni excéder une année. Les détenteurs qui seraient convaincus d'avoir fait quelques présens aux experts, sont punis de la même peine. C'est le tribunal de police correctionnelle qui prononce cette condamnation, à la diligence du receveur des domaines. (Art 16 et 18.)

Du mode de régler la valeur des biens.

Pour les maisons, usines, cours et jardins en dépendans; l'expertise de ces objets contient trois opérations.

Par la première, les experts les estiment d'après leurs connaissances locales, et relativement au prix commun actuel des biens dans le lieu, ou les environs.

Par la seconde, ils les évaluent d'après le prix commun de 1790; en formant un capital de seize fois le revenu dont lesdits objets étaient susceptibles, sans considérer si les baux à ferme, ou à loyer, s'élevaient ou non au véritable prix.

Par la troisième, s'il y avait des baux en 1790, les maisons et usines, les cours et jardins en dépendans seraient évalués sur le pied de leur valeur en 1790, calculée à raison de seize fois leur revenu net.

Pour les terres labourables, prés, bois, vignes et tous autres terrains.

La valeur s'estime premièrement d'après les connaissances locales et relativement au prix commun actuel des biens de même nature dans le lieu, ou les environs;

Secondement, d'après le montant de la contribution foncière de 1793, en prenant pour revenu net d'une année, quatre fois le montant de cette contribution, et en multipliant cette somme par vingt;

Enfin, s'il y avait des baux existans en 1790, la valeur sera fixée sur le pied de la même année et calculée à raison de vingt fois le revenu d'après lesdits baux.

Dans ce dernier cas, et dans ceux non prévus ci-dessus, les experts se conformeront au § 3 de la loi en forme d'instruction du 28 ventôse précédent (1).

Les experts motiveront leur rapport sur chacune des bases ci dessus, et les administrations, dans leurs arrêtés, en énonceront les résultats, se fixeront à celui qui sera le plus avantageux pour la république, et en feront mention expresse : le tout à peine de nullité. (Art. 19.)

Des opérations des experts pour fixer les bases de liquidations des indemnités réclamées par les engagistes dépossédés.

A la vue des titres, mémoires et renseignemens qui leur seront respectivement remis, ils procéderont, 1°. à l'estimation du capital d'après les règles établies par l'article 19; 2°. à l'estimation du revenu annuel; 3°. à celle des amé-

(1) Ce paragraphe est rapporté à la fin de cet ouvrage.

liorations, s'il y en a, en observant qu'elles ne doivent être estimées que jusqu'à concurrence de la valeur dont les biens se trouvent augmentés; 4°. à l'évaluation des dégradations, s'il y a lieu; 5°. enfin, à l'estimation des fruits perçus et recueillis par le ci-devant détenteur, depuis et compris l'année 1791, à moins qu'il ne justifie avoir fait la déclaration prescrite par la loi du 1er. décembre 1790.

Chacune de ces opérations doit être distinguée dans le rapport : si l'engagiste avait négligé de nommer un expert, ou si celui nommé ne se réunissait point aux autres au jour indiqué par sommation, il sera passé outre par ceux-ci. (Art. 23.)

Pour remplir le vœu de la loi, les experts doivent se pénétrer de l'importance de leurs obligations. Ils ont à concilier l'intérêt des parties et celui de la république. Il faut, dans la seconde espèce, qu'ils apportent une grande attention à l'examen des titres pour y constater l'ancienne consistance des terres aliénées, et leur valeur à l'instant de l'aliénation.

§. III.

Des obligations des préposés de la régie.

Le succès de la loi du 14 ventose dépend en grande partie du zèle et de l'intelligence qu'apporteront les directeurs et employés supérieurs à son exécution. S'ils se bornaient aux opérations matérielles qu'elle prescrit, son but ne serait pas rempli. Il faut en effet que les engagistes achètent, par le paiement du quart, la propriété incommutable des biens qui leur ont été concédés, ou que ces biens rentrent sous la main de la nation. Malgré tous les avantages que la loi leur fait, il se trouvera des engagistes qui refuseront de s'y conformer. Il faut les mettre en demeure aussitôt l'expiration du délai dans lequel ils doivent faire leur déclaration et soumission ; et à cet effet, il faut avoir des titres à leur signifier. Leur recherche exige donc les soins les plus actifs.

Dans chaque direction, il existe déjà des états des domaines engagés ou échangés, situés dans le département, dressés sur de premières recherches faites en exécution des lois précédentes, ou sur les déclarations des engagistes. Ces états, indiquant les biens aliénés, il faut vérifier si les titres qui y sont rappellés, existent et sont suffisans pour autoriser l'action de la république en dépossession.

Ce travail exige l'examen des titres déposés, soit aux archives du département, soit dans les différens départemens. A défaut d'arrêts ou lettres-patentes d'engagemens, on doit trouver des aveux, dénombremens, ou déclarations d'engagistes qui les rappellent. Les actes de mutations offrent également un moyen de constater la domanialité.

On peut enfin trouver dans les livres terriers, cueilloirs, ou colligendes des indices d'engagemens qui conduiront à la découverte des titres primitifs, récognitifs ou énonciatifs. (Voir, pag. 127, la distinctions de ces titres.) Si quelques-uns de ces titres ne se retrouvent point aux dépôts du département, les directeurs doivent en instruire la Régie, afin qu'elle puisse en ordonner la recherche aux archives du domaine.

Les employés supérieurs ont à se pénétrer, dans le travail ci-dessus indiqué, des principes que nous avons établis sur les différentes natures d'aliénations. Il faut toujours chercher à en découvrir l'origine, sans s'arrêter aux aliénations secondaires. Les inféodations primitives, les accensemens, les engagemens, ont été suivis de sous-inféodations, de sous-accensemens, de sous-engagemens. Le titre primitif s'applique aux uns et aux autres.

Ils ont ensuite à constater si ces titres donnent lieu à quelques-unes des exceptions, ou si elles ne peuvent pas être révoquées par la nature des biens aliénés, ou par la qualité des aliénataires; s ils découvrent la frauduleuse qualification, ils doivent en établir la preuve par la notoriété publique, ou par enquête et par actes écrits.

Ils ne doivent par perdre de vue, qu'aux termes de l'article 10, la frauduleuse qualification est légalement présumée si les aliénations ont été faites à des ci-devant gentilshommes titrés, ou autres personnes ayant charge à la cour.

C'est sur-tout dans les pays réunis à la France postérieurement à 1566, que ces recherches assureront l'exécution de la loi. Les titres, les conventious, traités qui y sont relatifs, n'existent que dans les dépôts des cours souveraines qui y étaient établies. Lors même que, d'après les traités de réunions, les aliénations antérieures seraient confirmées, il importe de découvrir celles qui contiendraient clause de retour, les novations de propriété qui auraient pu avoir lieu depuis les réunions; enfin, celles faites postérieurement auxdits traités.

L'examen des échanges exige égalcment toute leur attention. Ils peuvent être attaqués s'ils s'y trouve fraude, fiction ou simulation; mais il faut le constater. Or, cette preuve ne peut s'acquérir qu'en établissant, ou le défaut des formes prescrites par les lois, ou la nullité des procès-verbaux d'évaluations, ou la différence de prix des objets échangés ou donnés en contre-échange par le rapprochement des valeurs réelles à l'époque de l'échange et de celles énoncées dans les procès-verbaux d'évaluation. Les titres et papiers retirés des greffes ou anciens dépôts des chambres des comptes, dans les départemens où il en existait autrefois, peuvent fournir à cet égard des renseignemens précieux.

Sur les découvertes que présentera ce travail, les directeurs doivent faire lever des expéditions de tous les titres servant à établir les droits de la nation, et relatifs à des biens dont les engagistes n'auraient pas fait déclaration et soumission d'achat, et les adresser aux différens receveurs pour en faire la notification prescrite par l'art. 22.

En même-tems qu'ils donneront à ce travail les soins qu'il exige, ils feront relever successivement au département les déclarations et soumissions qui y seront faites. Avant d'y donner suite, il importe d'en constater le mérite. Elles peuvent porter sur des biens compris dans les exceptions, ou sur les aliénations desquels il est remis à statuer. Dans le premier cas, les engagistes ne peuvent être troublés dans leur jouissance, et doivent même y être réintégrés si, en vertu des lois précédentes, ils ont été dépossédés. Dans le second, les choses doivent rester *in statu quo* jusqu'aux nouvelles lois à intervenir. Cette vérification faite, ils remettront leurs observations aux départemens pour les soumissions nulles ou non-admissibles, et adresseront les autres aux receveurs de la situation des biens.

C'est également à eux à poursuivre, soit dans le cas de dépossession, soit dans celui où les engagistes auraient fait leur déclaration et soumission, la nomination des experts réservée aux administrations centrales, et de faire sans retard, celle qui leur est confiée. Il est bien essentiel que ces experts, chargés de balancer les intérêts de la nation et ceux des particuliers, soient choisis parmi des citoyens instruits, probes et attachés aux intérêts de la république. Si parmi ceux à la nomination des engagistes quelqu'uns acceptaient et procédaient sans avoir les qualités requises, les directeurs ont à poursuivre leur condamnation sur la dénonciation qui leur en serait faite par les receveurs.

Leur attention doit aussi se porter sur l'instruction des experts. Les articles 19 et 23 déterminent le mode de leurs opérations. En leur en remettant copie dans chacune des espèces, il importe de les fixer sur les dispositions de l'article 12, qui exige un examen approfondi des titres pour constater les biens réunis par suite de l'engagement à titre de retrait féodal.

Lorsque les opérations des experts, qui doivent être activées, sont terminées, les directeurs doivent en examiner la régularité. Il faut constater si elles sont entièrement conformes au vœu de la loi; si, par le rapprochement des consistances et valeurs exprimées dans les titres, elles ne présentent aucune lézion pour la république.

Ils doivent ensuite, dans la première espèce, poursuivre auprès des départemens, les arrêtés de fixation du quart de la valeur, et les adresser aux receveurs de la situation des biens soumissionnés pour appeller les engagistes en paiement.

Dans la deuxième, leurs diligences ne doivent pas être moins actives pour poursuivre les ventes, et veiller au recouvrement du prix à acquitter par les acquéreurs, dans les formes prescrites par l'article 25.

Ici on observera que si des biens engagés avaient été soumissionnés en vertu de la loi du 28 ventôse an 4, que si les consignations eussent été légalement faites à tems utile, les contrats devraient en être passés aux soumissionnaires, en payant conformément à l'article 3 de la loi du 11 brumaire an 7, c'est-à-dire, pour ce qui reste dû sur les trois quarts du prix, en tiers consolidé inscrit, et sur le quatrième quart, en numéraire; lequel prix est payable dans le mois de la passation du contrat.

Voyez la décision du ministre, rapportée circulaire n°. 1548.

Si, dans le mois de la signification des titres, les engagistes se pourvoient pour en contester le mérite, il faut mettre les affaires en état. C'est aux commissaires du directoire

rectoire exécutif près les départemens à les défendre devant les tribunaux, attendu qu'il s'agit de questions de propriété; mais il est du devoir des directeurs de mettre sous les yeux de ces commissaires toutes les pièces et titres qui peuvent établir leurs moyens.

Ils ont enfin à fournir chaque mois des états qui présentent les résultats d'exécution de la loi, et les produits des recettes ou soumissions. (Voir pour leur forme les modèles annexés à la circulaire, n°. 1548.)

Ils doivent veiller à ce que chaque receveur leur fournisse exactement ces états en ce qui concerne leur arrondissement.

Secondés dans ces différentes opérations par les employés supérieurs, ils les dirigeront de manière à faire en même-tems surveiller le travail partiel de chaque receveur pour l'exécution de cette loi.

Des obligations des receveurs.

Chaque receveur doit connaître, soit par son sommier des propriétés et droits de la nation, soit par les relevés des déclarations et dépossessions faites en exécution des lois des 3 septembre 1792, et 10 frimaire an 2, les biens aliénés qui existent dans son arrondissement; rapprochant de ces pièces, les relevés de déclarations et soumissions qui leur seront envoyés de la direction, ils seront en état d'y faire passer la note des biens pour lesquels les engagistes n'auront pas satisfait à la loi, si par eux-mêmes ils ne peuvent parvenir à la découverte des titres.

Les receveurs ne seront pas tous à portée de faire des recherches dans des dépôts publics, mais à défaut de titres primitifs ou récognitifs, la loi admet comme preuve suffisante les titres énonciatifs. Or, toutes les études des notaires leur présentent un travail essentiel. Les actes de vente, les inventaires, les partages contiennent généralement, sinon l'origine, du moins la filiation et la consistance des biens. On peut y trouver la preuve de revente ou transmission de biens originairement aliénés. Leur examen exige donc toute leur attention.

Si les biens aliénés ont été déclarés ou soumissionnés, les receveurs doivent aussitôt la réception des soumissions, proposer à leur directeur les sujets les plus propres à remplir fidèlement les fonctions d'experts, vérifier si celui de chaque partie a les qualités requises, dénoncer ceux à exclure et à poursuivre pour contravention aux articles 17 et 18.

Activant ensuite les opérations des experts. Ils doivent avoir soin de faire part à leur directeur des observations dont les évaluations leur paraîtront susceptibles, si toutes les formes n'avaient pas été suivies, si les intérêts de la nation étaient lésés.

Ils ont les mêmes obligations à remplir aussitôt après la notification des titres aux engagistes non-soumissionnaires; mais jusqu'à cette notification, ils ne doivent se permettre aucune poursuite.

Les biens sont remis ou laissés aux engagistes, ou ils sont vendus; dans le premièr cas, ils doivent au vœu de l'article 20 payer dans le mois le quart de la valeur déterminée par arrêté du département.

Dans le second, l'article 25 veut qu'après la remise du rapport des experts et l'expiration du délai d'un mois, à dater de la signification des titres, les biens soient mis en vente par affiches et enchères faites, conformément aux lois des 16 brumaire an 5, et 26 vendémiaire an 7. L'article 30 détermine le mode d'acquittement du prix de ces ventes.

Les receveurs des chefs-lieux de département, seuls chargés de la recette, ont à se pénétrer des dispositions de ces articles, et à suivre avec activité les recouvremens qui en résultent.

Ils formeront un sommier particulier de compte-ouvert pour le rachat et les adjudications de domaines engagés, sur lequel ils rapporteront extrait de tous les arrêtés qui fixent le quart de la valeur des biens engagés, et des procés-verbaux d'adjudication.

Ils ne doivent pas perdre de vue que, suivant l'article 21, la nation conserve son hypothèque sur les biens que l'engagiste soumissionnaire aurait vendu pour se libérer jusqu'à concurrence de l'entier paiement du quart et intérêts, et que nulle opposition ne peut suspendre les paiemens des sommes dues par lesdits acquéreurs, aux époques prescrites.

Pour remplir le vœu de l'article 30, il est essentiel qu'ils se procurent des copies certifiées des arrêtés de liquidation définitive des indemnités allouées aux engagistes non-soumissionnaires et dépossédés, pour faire ensuite décompte avec les acquéreurs des portions de prix restées dans leurs mains, et les obliger au versement des sommes excédant lesdites indemnités.

Relativement aux détenteurs, sur les titres desquels il est remis à statuer s'ils ont été dépossédés en vertu de la loi du 10 frimaire an 2, les receveurs continueront à recouvrer les fuits et revenus des biens dont il s'agit.

Si les biens engagés avaient été soumissionnés en vertu de la loi du 28 ventose, et les consignations légalement faites, une décision rapportée page 144, indique le mode d'acquittement du prix consenti.

Si, par suite d'émigration présumée ou pour déshérence, quelques biens engagés étaient séquestrés, ils doivent se faire à eux-mêmes les significations prescrites, poursuivre les ventes, et distraire des sommiers, comptes-ouverts et registres de recette des biens séquestrés, le montant des fruits et ventes pour les porter au registre de recette des domaines nationaux.

L'article 35 porte, qu'il n'est pas dérogé aux droits et

actions que la république peut exercer contre les concessionnaires ou sous-concessionnaires maintenus en possession par l'article 5, à raison des redevances et prestations assignées sur les fonds, et qui n'auraient pas été frappées d'abolition par les lois nouvelles ; les receveurs doivent faire acquitter exactement ces redevances.

La recette provenant de l'exécution de cette loi, ne devant pas être confondue avec les autres produits, il leur est prescrit d'établir sur leur registre de recette deux colonnes nouvelles ; l'une pour le produit du quart payé par les détenteurs maintenus, et l'autre pour le prix des adjudications des biens dont les détenteurs auront été dépossédés. La même distinction d it avoir lieu dans leurs états de mois, bordereaux de compte, etc.

La vérification des exceptions, celles des échanges, la recherche de toutes les contraventions aux autres dispositions de la loi, appellent également leur zèle et leur activité ; ils doivent seconder leur directeur et les employés supérieurs dans toutes les opérations qui les concernent plus particulièrement.

La formation des états destinés à présenter les résultats d'exécution de la loi, exige d'eux autant d'attention que d'exactitude.

Les détails que contiennent les deux premières parties de cet ouvrage, leur présentent enfin des instructions essentielles pour faciliter et utiliser leurs opérations. Il leur importe de s'en pénétrer.

Des obligations des administrations centrales.

Nous ne saurions mieux remplir le vœu de nos Souscripteurs sur cette partie de notre ouvrage, qu'en rapportant l instruction du ministre des finances.

INSTRUCTION

DU

MINISTRE DES FINANCES

Sur l'exécution de la loi du 14 ventose an 7.

Paris, le 1er. germinal an 7.

La loi du 14 ventose an 7, citoyens, vient de mettre un terme à la suspension prononcée par celle du 22 frimaire an 3, relativement aux domaines aliénés ou engagés, et de statuer définitivement sur cette partie essentielle de la fortune publique.

Cette loi devant procurer à la république de nouvelles ressources d'une grande importance, un résultat d'un ordre aussi majeur vous fait un devoir d'apporter autant de zèle que d'activité dans la suite des mesures qu'elle prescrit, pour en assurer la plus prompte comme la plus entière exécution.

Cette loi est claire et précise ; elle embrasse, dans ses développemens, tous les cas qui peuvent se présenter ; il ne s'agit donc que de se bien pénétrer dans ses dispositions, d'en faire une juste application, et de s'y conformer avec ponctualité.

Il est cependant différentes parties de cette loi sur lesquelles je crois devoir entrer dans quelques explications, et vous faire part de mes réflexions et de mes vues.

L'objet de la loi étant d'assurer à la république tous les

avantages qu'elle a droit de retirer des domaines aliénés ou engagés, en facilitant néanmoins aux engagistes ou échangistes qui ne sont pas maintenus, les moyens de conserver la jouissance des biens engagés ou échangés, et même d'en devenir propriétaires incommutables; la première disposition que vous avez à faire, est de vous procurer sans délai de la part des préposés de la Régie, de l'enregistrement et du domaine national, un état de tous les biens aliénés, engagés ou échangés, existans dans l'étendue de votre arrondissement, avec la désignation de leur situation, de leur nature, de leur consistance, et l'indication des détenteurs qui en jouissent.

Vous devez en même-tems établir dans vos bureaux l'ordre que vous jugerez convenable pour la réception des déclarations et soumissions prescrites par la loi.

Au moyen de ces mesures, aucun des domaines dont il s'agit ne pourra être soustrait à votre surveillance, ni échapper à l'exécution de la loi.

Les dispositions des articles 1, 2, 3 et 4 qui déterminent celles des aliénations du domaine de l'Etat qui sont confirmées; et celles qui sont révoquées, sont tellement positives, qu'elles ne me semblent exiger aucun autre développement; mais les exceptions aux dispositions de l'article 4 devant être renfermées dans les bornes posées par la loi, l'article 5, qui contient ces exceptions, me paraît susceptible de diverses explications propres à en faciliter et assurer la stricte exécution.

Les échanges consommés avant le 1er. janvier 1989 pour les pays qui, à cette époque, faisaient partie de la France, et avant les époques respectives des réunions, quant aux pays réunis postérieurement audit jour premier janvier 1789, forment le premier paragraphe de l'article 5; mais l'exception prononcée par cet article, ne doit avoir lieu qu'autant que ces échanges auront été consommés légalement et sans fraude. Ainsi, tous les échanges exigent de votre part un examen approfondi; les échanges consommés avant le premier janvier 1789, pour les pays faisant, à cette époque, partie de la France, qui ne réuniront pas les conditions requises par l'article 19 de la loi du 1er. décembre 1790, c'est-à-dire, ceux à l'égard desquels toutes les formalités prescrites par les lois et réglemens, n'auront pas été observées et accomplies en entier; ceux dont les évaluations ordonnées par l'édit d'octobre 1711, n'auront pas été faites; ceux dont les échangistes n'auront pas obtenu et fait enregistrer dans les cours les lettres de ratification nécessaires pour donner à l'acte son dernier complément, ne sont point, aux termes de l'article 6, de la nouvelle loi, légalement consommés. Les échanges consommés avant les époques respectives des réunions, quant aux pays réunis postérieurement au 1er. janvier 1789, et pour lesquels les lois qui étaient en vigueur dans ces pays, n'ont point été observées, ne sont point, aux termes du même article 6, légalement consommés: conséquemment les échanges dans lesquels se rencontreront ces défectuosités, ne sont point compris dans l'exception, et sont au contraire frappés de la révocation.

Il en est de même, d'après l'article 7, pour tous les échanges où il se trouve fraude, fiction et simulation prouvées par la lésion du quart, eu égard au tems de l'estimation. Vous devez donc vous assurer, par tous les moyens qui vous paraîtront le plus propres à remplir ce but, que les échanges par vous reconnus avoir été légalement consommés, ne contenaient pas une lésion au moins du quart à l'époque de l'aliénation; et ce n'est qu'après avoir acquis cette assurance, que vous pouvez leur appliquer l'exception portée au premier paragraphe de l'article 5 de la loi.

Les inféodations et accensemens des terres vaines et

vagues, landes, bruyères, palus et marais non situés dans les forêts, ou à 715 mètres d'icelles, sont, par le troisième paragraphe du même article, exceptés des dispositions de l'article 4; mais sous des conditions dont le défaut d'accomplissement doit annuler l'exception. Vous devez prendre une connaissance exacte des titres de ces inféodations et accensemens, à l'effet de vérifier s'ils ont été faits sans fraude et dans les formes prescrites par les réglemens en usage au jour de leur date. Vous devez, en même-tems, vous assurer si les fonds inféodés et accensés ont été mis et sont actuellement en valeur suivant que le comportent la nature du sol et la culture en usage dans la contrée; les inféodations et accensemens que vous reconnaîtrez ne pas réunir ces conditions, doivent, d'après les dispositions de ce troisième paragraphe, être rejetés de l'exception, et être compris dans la révocation, de même que les inféodations et accensemens de terrains qui, quoique réunissant ces conditions, seraient situés dans les forêts, ou n'en seraient pas à la distance de 715 mètres. Vous ne perdrez pas de vue, 1°. que dans le cas où un contrat d'aliénation, inféodation, bail ou sous-bail à cens ou à rente, porterait à-la-fois sur des terrains désignés comme vains ou vagues, landes, bruyères, palus, marais et terrains en friche, et sur des terres désignées comme étant cultivées ou autrement en valeur, sans énonciation de contenance ou sans distinguer la contenance des uns et des autres, la révocation doit, aux termes de l'article 8, avoir lieu pour le tout;

2°. Que si les objets aliénés sous le nom de terres vaines et vagues, landes, bruyères, palus et marais, étaient, lors de l'aliénation, des terrains en culture ou en valeur, la frauduleuse qualification pourra, ainsi qu'il est dit par l'article 9, se prouver par la notoriété publique et par enquêtes, ou par actes écrits mis en opposition avec l'acte qui contient l'aliénation ; et cette preuve acquise doit opérer la révocation de ces sortes d'aliénations ;

3°. Que si l'article 10 porte que cette frauduleuse qualification sera légalement présumée, et donnera lieu de plein droit à la révocation, si les aliénations dont il est parlé en l'article 9, ont été faites *à des ci-devant gentilshommes titrés, ou autres personnes ayant charge à la cour*, sans néanmoins que ladite révocation puisse atteindre les sous-inféodataires, à moins qu'ils ne réunissent les mêmes qualités ;

4°. Que l'exception portée au paragraphe 5 de l'article 5, ne s'applique pas aux inféodations, dons ou concessions faits par un seul acte, et en entier, de tous les murs, remparts et fortifications d'une ville ou de tous les terrains en dépendans ;

Qu'en ce cas, aux termes de l'article 11, le sort desdites concessions doit être réglé par les articles 1, 2, 3 et 4, sans préjudicier toutefois à l'exécution dudit paragraphe 3, relativement aux parcelles qui seraient possédées par des sous-concessionnaires ;

5°. Enfin, que suivant l'article 12, les mêmes articles 1, 2, 3 et 4, s'appliquent aux biens que l'engagiste aurait pu réunir par puissance féodale, ou à titre de retrait féodal et censuel, résultant de son contrat d'aliénation.

Vous devez également prendre connaissance des titres des aliénations et sous-aliénations ayant date certaine avant le 14 juillet 1789, faites avec ou sans deniers d'entrée, de terrains épars quelconques au-dessous de la contenance de 5 hectares ; vous devez vous assurer d'une part que la contenance des terrains de ces aliénations et sous-aliénations était au-dessous de 5 hectares, et de l'autre, que ces terrains ne comprenaient, lors des concessions primitives, ni des maisons appelées châteaux, moulins fabriques ou autres usines, à moins qu'il n'y eût condition de les démolir, et que cette condition n'ait été remplie ; ni, dans les villes ; des habitations actuellement comprises aux rôles de la contribution foncière au-dessus de 40 francs de principal ; parce qu'aux termes des dispositions du quatrième paragraphe de l'article 5, celles de ces aliénations ou sous-aliénations dont les terrains étaient d'une contenance de cinq hectares et au-dessus, ou comprenaient des bâtimens de la nature de ceux ci-dessus désignés sans la condition de les démolir, ou avec cette condition, mais qui n'aurait pas été remplie, ne doivent pas jouir de l'exception, et sont révoquées.

Vous devez aussi vous faire représenter les titres des inféodations, sous-inféodations et accensemens de terrains dépendans des fossés, murs et remparts des villes, mentionnés au cinquième paragraphe de l'article 5 ; examiner si les inféodations, sous-inféodations, accensemens, sont justifiés par des titres valables ou par arrêt du conseil ; et à défaut de titres, vous assurer que les détenteurs de ces terrains en ont une possession paisible et publique de 40 ans, et qu'il y a été fait des établissemens quelconques, ou que ces terrains ont été mis en valeur. Les inféodations, sous-inféodations et accensemens des terrains dont il s'agit, que vous reconnaîtrez ne point réunir ces conditions, ne sont point susceptibles de l'exception, et sont révoquées.

L'article 13, réglant la forme et les délais dans lesquels les engagistes ou échangistes non-maintenus doivent faire leurs déclarations à peine d'être déchus de la faculté portée en l'article 14 ; et ce dernier article, ainsi que l'article 15, déterminant également la forme et les délais dans lesquels les engagistes ou échangistes non-maintenus, doivent faire leurs soumissions à peine de nullité d'icelles, je n'ai qu'à vous recommander de tenir rigoureusement la main à la stricte exécution de ces trois articles. Je crois néanmoins devoir vous faire remarquer que les dispositions n'en sont point applicables aux concessions de forêts au-dessus de 150 hectares, ni de terrains enclavés dans les forêts nationales ou à 715 mètres d'icelles: le deuxième paragraphe de l'article 15 porte textuellement qu'il sera définitivement statué sur ces concessions par une loi particulière.

Les engagistes ou échangistes non-maintenus, qui désireront être conservés dans leur jouissance, ou réintégrés en icelle s'ils ont été dépossédés, devant payer en numéraire métallique le quart de la valeur des biens qui leur ont été concédés à titre d'engagement ou d'échange, l'intérêt de la république demandait qu'il fût pourvu à ce que ces biens fussent portés à leur juste valeur: c'est le motif qui a déterminé les dispositions des articles 16, 17, 18 et 19. Ces dispositions doivent être suivies de votre part avec la plus exacte ponctualité, soit relativement au nombre et au personnel des experts, ainsi qu'aux peines prononcées dans les cas de prévarication prévus par la loi, soit relativement au mode de leurs opérations, soit enfin relativement aux frais des expertises, qui sont mis à la charge des engagistes ou échangistes soumissionnaires; il convient donc que vous donniez aux experts les instructions nécessaires pour les diriger, et vous devez apporter d'autant plus d'attention à ce que leurs rapports soient motivés sur chacune des bases établies par la loi, que vos arrêtés doivent en annoncer les résultats, que vous devez vous fixer à celui qui sera le plus avantageux à la république, et en faire mention expresse, le tout à peine de nullité.

Quant au paiement par les engagistes ou échangistes, du quart de la valeur des biens engagés ou échangés, les dispositions de l'article 20 en règlent le mode et les termes d'une manière positive; en sorte que cet objet ne me paraît susceptible d'aucune réflexion particulière.

A l'égard de l'article 21, qui accorde aux soumissionnaires la faculté de vendre des biens compris en leurs soumissions, pour payer le quart de l'estimation à régler d'après l'article 19, je ne vois qu'une seule observation à vous faire ; c'est que ces sortes de ventes ne peuvent valoir vis-à-vis de la nation, qu'autant que l'acquéreur aura versé, en numéraire, dans la caisse du receveur des domaines nationaux, et dans les délais fixés par l'article 20, le prix de son acquisition, jusqu'à concurrence de ce qui sera dû à la république pour le montant de l'estimation du quart dû par l'engagiste ou échangiste; de manière qu'à défaut de ce versement, ou dans le cas d'insuffisance du prix versé pour l'acquit de ce quart, la nation conserve son privilége et son hypothèque, même sur l'objet vendu, jusqu'au paiement intégral de ce qui lui est dû, sans être tenue de poursuivre l'inscription de sa créance au registre public de la conservation des hypothèques.

Il y a lieu de croire que tous les engagistes ou échangistes non-maintenus, voulant profiter de la faveur qui leur est accordée par la loi, s'empresseront de satisfaire à ce qu'elle leur prescrit, pour être maintenus ou réintégrés dans la jouissance des biens engagés ou échangés, et pour en obtenir la propriété incommutable ; mais la loi a dû prévoir le cas contraire, et elle y a pourvu par six articles sur lesquels je dois fixer particulièrement votre attention.

Aux termes de l'article 22, tous engagistes ou échangistes non-maintenus, qui n'auront pas fait la déclaration prescrite par l'article 13, demeurent déchus du bénéfice de la loi, immédiatement après l'expiration du mois qui suivra la publication de la loi; tout engagiste ou échangiste non-maintenu, qui, après avoir fait sa déclaration, ne se sera pas présenté pour faire la soumission autorisée par les articles 14 et 15, demeurera également déchu du bénéfice de la loi, immédiatement après l'expiration du mois qui suivra la déclaration non suivie de soumission. Le même article 22 prescrit à la Régie des domaines nationaux, de leur faire signifier, immédiatement après l'expiration des délais ci-dessus, copie des titres primitifs, récognitifs ou énonciatifs, tendant à établir les droits de la nation, avec déclaration que, dans le délai d'un mois, à dater de la signification, elle po rsuivra la vente des biens y énoncés, lesquels ne pourront être des biens qui auraient été soummissionnés en exécution de la loi du 28 ventose an 4, et autres y relatives, et avec interpellation de nommer, dans la décade, un expert pour procéder aux opérations préparatoires prescrites par l'article 23, conjointement avec l'expert nommé par la Régie et celui qui le sera par l'administration centrale du département de la situation des biens.

L'exécution des dispositions de cet article est d'une grande importance; elle exige de votre part une surveillance active, relativement aux déclarations et soumissions faites ou à faire par les engagistes ou échangistes non-maintenus. Vous devez donc vous faire rendre des comptes exacts et détaillés, 1°. des biens dont les engagistes ou échangistes auront fait leurs déclarations et soumissions dans les délais prescrits ;

2°. Des biens dont les engagistes ou échangistes n'auront fait leurs déclarations et soumissions qu'après l'expiration des délais prescrits ;

3°. Des biens dont les engagistes ou échangistes n'auront fait aucune déclaration, ou dont les déclarations n'auront pas été suivies de soumission. Au moyen de ces comptes, vous serez à même de veiller à ce que les préposés de la Régie de l'enregistrement et du domaine national, fassent, à l'égard de ces deux dernières classes de biens, les diligences qui leur sont prescrites par cet article pour la vente de ces biens, à l'exception de ceux qui auraient été soumissionnés en vertu de la loi du 28 ventose an 4, et autres y relatives.

Les opérations préliminaires à la vente, auxquelles les experts devront procéder, sont déterminées par l'article 23; mais il convient, ainsi que j'ai déjà eu plus haut l'occasion de vous le recommander, que vous leur donniez les instructions nécessaires, pour que les dispositions de cet article soient suivies et exécutées de leur part avec la plus exacte ponctualité.

Je n'ai pas besoin de vous observer qu'aux termes de cet article, si l'engagiste ou l'échangiste interpellé par la Régie de nommer un expert, néglige de le faire; ou si l'expert qu'il aura nommé ne se réunit pas aux autres au jour indiqué par sommation, il doit être, par ceux-ci, passé outre aux opérations qui feront l'objet de leur mission, et que l'article 24 ordonne que les articles 17 et 18 de la loi s'appliquent aux experts qui seront nommés en exécution de l'article 23.

Les législateurs ont prévu le cas où, dans le mois qui suivra la signification des titres, les détenteurs de biens engagés ou concédés soutiendraient ces titres inapplicables ou insuffisans, ou prétendraient être placés dans les exceptions de la loi, ou éleveraient, de toute autre manière, des débats sur la propriété; et l'article 27 veut qu'il soit prononcé par les tribunaux, après néanmoins que les réclamans se seront adressés, par voie de mémoires, aux corps administratifs, conformément à la loi du 5 novembre 1790; et que, soit par le tribunal de première instance, soit par celui d'appel, il soit procédé, chacun en ce qui le concerne, au jugement sur simples mémoires respectivement remis dans le mois, à dater de l'expiration des délais ordinaires de la citation : ainsi, toutes les fois qu'il sera élevé de semblables réclamations dans un tems utile, c'est-à-dire, dans le mois qui suivra la signification des titres, et que les réclamans se seront adressés à vous par voie de mémoires, conformément à la loi du 5 novembre

1790, vous devez supercéder aux ventes des biens qui en seront l'objet, et délaisser aux tribunaux à statuer sur ces réclamations, dans les délais fixés par la loi.

Quant aux indemnités réclamées par les engagistes ou échangistes, c'est à vous qu'il appartient de procéder à leur liquidation, aux termes des articles 28 et 29 de la loi, à la vue des quittances de finances, rapports d'experts et de tous autres titres ou documens, de la même manière qu'il est observé pour les autres créanciers de la république; mais la remise de ces titres doit être faite, aux termes de l'article 29, dans trois mois pour tout délai : ainsi toute demande en liquidation des indemnités dont il s'agit, dont les titres n'auront pas été remis dans les trois mois fixés par la loi, n'est plus admissible, et il n'y a lieu d'y statuer.

Le mode de paiement de ces indemnités est réglé par les articles 30, 31 et 32; et les dispositions de ces articles, à cet égard, sont développées de manière à n'exiger aucune explication.

A l'égard des opérations relatives à l'aliénation des domaines engagés ou échangés, dont les détenteurs n'auront pas satisfait à ce qui est exigé d'eux pour être maintenus, et du mode de paiement du prix des adjudications (objets qui sont réglés par les articles 22, 23, 24, 25, 26, 30 et 31), je me réserve de traiter cette partie de la loi dans une autre lettre que je vous adresserai incessamment.

Il me reste à vous parler, citoyens, des articles 33, 34 et 35, qui terminent la loi.

L'article 33 dit positivement qu'il n'est rien statué ni préjugé,

1°. Sur les concessions faites à vie seulement, ou pour un tems déterminé, soit par baux emphytéotiques, soit par baux à cens ou à rente;

2°. Sur les concessions de terrains, à quelque titre

que ce soit, faites dans les colonies françaises des deux Indes ;

3°. Sur la nature des îles, îlots et atterrissemens formés dans le sein des fleuves et rivières navigables, non plus que des alluvions y relatives, ni des lais et relais de la mer, et qu'il sera statué sur ces divers objets par des lois particulières. Vous devez donc, citoyens, vous abstenir, d'y prononcer vous-mêmes, et attendre les nouvelles lois à intervenir à cet égard.

L'article 34, formé de deux paragraphes, contient deux genres de dispositions, dont il me paraît convenable de rappeler ici le double objet.

1°. L'exécution de la nouvelle loi ne doit porter aucune atteinte aux droits que les communes ou sections de communes seraient fondées à exercer en vertu des lois du 28 août 1792, 10 juin 1793, et autres relatives aux biens à elle appartenant, et aux revendications de biens usurpés par la puissance féodale; ainsi vous devez vous conformer à ce vœu positif de la loi, dans les affaires de cette nature qui pourraient vous être soumises.

2°. Les dispositions de la nouvelle loi, et les délais par elle établis, ne doivent courir contre l'engagiste qui serait en procès avec une commune, relativement au fond du droit sur les biens à lui concédés par l'ancien gouvernement, qu'à dater du jugement définitif qui pourrait confirmer sa possession vis-à-vis de la commune. Toutes les fois donc qu'un engagiste vous justifiera être dans ce cas, vous ne pourrez procéder à l'aliénation des biens qui lui ont été engagés, qu'autant qu'à dater du jugement définitif, il aura laissé expirer les délais fixés par la loi sans faire les déclarations et soumissions qu'elle prescrit.

Les dispositions de l'article 35 important essentiellement aux intérêts de la république, je ne peux trop vous en recommander l'exécution; en conséquence, dans toutes les

réclamations

réclamations qui seraient portées devant vous de la part des concessionnaires ou sous-concessionnaires maintenus purement et simplement en possession par l'article 5, qui auraient pour objet de se soustraire au paiement des redevances et prestations assignées sur les fonds dont ils sont détenteurs, vous devez les y condamner, lorsque vous reconnaîtrez que ces redevances et prestations n'ont point été frappées d'abolition par les lois existantes.

Enfin, l'exécution de toutes les dispositions de la nouvelle loi ne peut être empêchée ni entravée par les lois précédentes, attendu qu'aux termes de l'article 36, ces dernières sont abrogées en ce qu'elles ont de contraire à ses dispositions.

Il y a lieu de croire, citoyens, que ces développemens et ces explications applaniront les difficultés qui auraient pu vous arrêter dans l'exécution de la nouvelle loi; s'il s'en présentait cependant qui ne fussent pas prévues, je vous recommande de m'en faire part, et je m'empresserai de les résoudre.

Je vous recommande également de m'informer successivement de la marche et du résultat des opérations prescrites par la loi, et de m'adresser en conséquence, tous les primidis de chaque décade, un état qui me fasse connaître les déclarations et soumissions qui auront été faites par les engagistes ou échangistes non-maintenus; et dans le cas où une décade s'écoulerait sans qu'il y eût ni déclaration, ni soumission, vous remplaceriez l'envoi de cet état par celui d'un certificat négatif.

Vous voudrez bien, aussi-tôt que la présente vous sera parvenue m'en accuser la réception.

Salut et fraternité,

Le ministre des finances,

D. V. Ramel.

Paris, le 5 germinal an 7.

Je vous ai entretenus, citoyens administrateurs, le premier de ce mois, des dispositions générales de la loi du 14 ventose dernier, relative aux domaines engagés par l'ancien gouvernement ; aujourd'hui j'appelle votre attention sur une de ses dispositions particulières.

Il a été fait, dans plusieurs départemens, sur des domaines de cette nature, des soumissions en vertu de la loi du 28 ventose an 4 ; l'effet de ces soumissions a été suspendu d'après la loi du 22 frimaire an 3, qui, portant elle-même suspension de celle du 10 frimaire an 2, laissait incertain le parti qu'adopterait définitivement le corps législatif, s'il réintégrerait la république dans tous les domaines engagés, ou s'il fournirait aux engagistes les moyens de devenir propriétaires incommutables.

La loi du 14 ventose dernier, qui vient de fixer cette partie de la législation, fait aussi cesser la suspension qui existait sur celle des soumissions en vertu de la loi du 28 ventose an 4, qui ont pour objet des biens possédés *par des engagistes non-maintenus, ou même par des échangistes dont les échanges sont déjà révoqués ou dans le cas de l'être.*

En effet, la loi nouvelle, en autorisant ces mêmes engagistes et échangistes à faire la soumission irrévocable de payer en numéraire le quart de la valeur estimative des biens dont ils étaient détenteurs, pour en être déclarés et reconnus propriétaires incommutables, excepte, article 13, de la déclaration préalable à laquelle elle les assujettit, de tous les biens compris dans les engagemens, échanges, ou autres titres de concession, ceux déjà vendus *ou soumissionnés en vertu de la loi du 28 ventose an 4* : donc l'intention de la loi n'est pas que les engagistes et échangistes puissent également devenir propriétaires de ceux des biens par eux détenus, qui ont été l'objet de soumissions faites en vertu de la loi du 28 ventose an 4; mais elle veut, au contraire, que ces mêmes soumissions reçoivent tout l'effet dont elles sont susceptibles.

De plus, l'article 22 porte qu'à l'égard de tous engagistes ou échangistes non-maintenus, et qui n'auraient pas fait la déclaration prescrite par l'article 13, ou qui, après l'avoir faite, ne se seraient pas présentés pour faire la soumission autorisée par les articles 14 et 15, la Régie des domaines; immédiatement après l'expiration du mois qui suivra la publication de la présente, en ce qui concerne les premiers, ou du mois qui suivra la déclaration non-suivie de soumission, en ce qui concerne les seconds, leur fera signifier copie des titres tendant à établir les droits de la nation, avec déclaration que, dans le délai d'un mois, à dater de la signification, elle poursuivra la vente des biens y énoncés, *lesquels*, ajoute l'article, *ne pourront être des biens qui auraient été soumissionnés en exécution de la loi du 28 ventose an 4, et autres y relatives.*

Donc l'intention de la loi n'est pas non plus que ceux desdits domaines qui ont été atteints par des soumissions faites d'après la loi du 28 ventose an 4, soient vendus suivant le mode qu'elle prescrit par les articles qui suivent; mais elle veut, au contraire, que ces mêmes soumissions obtiennent tout leur effet.

Ainsi, les soumissionnaires de cette sorte de biens qui n'ont pas retiré leurs consignations (condition essentielle, puisque les soumissions n'existent que par les consignations), ont le droit de requérir la délivrance des contrats de vente des domaines par eux soumissionnés.

Vous vérifierez, citoyens administrateurs, s'il existe dans votre département de tels soumissionnaires; et dans ce cas, vous leur donnerez avis qu'ils peuvent se présenter pour obtenir leurs contrats, et vous les consentirez en effet à leur profit. Le prix en sera payable conformément à l'article 3 de la loi du 11 brumaire dernier, c'est-à-dire ; pour ce qui reste dû sur les trois quarts, en tiers consolidé inscrit, et sur le quatrième quart, en numéraire ; et il sera payable dans le mois de la passation du contrat, d'après le même article et celui qui suit, puisque ce ne sera qu'à dater de cette époque ; que le litige cessera d'exister pour ces mêmes soumissionnaires.

Cette opération, une des dernières sans doute qui vous restent à faire pour compléter l'exécution de la loi du 28 ventose an 4, excitera toute votre sollicitude ; elle doit servir à accroître nos ressources, pourrions-nous la négliger au moment où nous nous occupons à les rassembler toutes ?

Vous aurez soin de me rendre compte du résultat de votre travail en cette partie.

Salut et fraternité,

Le ministre des finances,

D. V. RAMEL.

INSTRUCTION

SUR LA LOI DU 6 FLORÉAL, AN IV.

(*Extrait du paragraphe III.*)

Le prix du bail se compose de tout ce que le fermier s'est obligé de fournir, de faire ou d'acquitter, de quelque nature que soit l'obligation, dès qu'elle était onéreuse au fermier. S'il doit des grains, on doit les évaluer d'après le prix qu'ils valaient en 1790; s'il est obligé à d'autres redevances, on doit de même en fixer le prix de 1790, ou d'après les mercuriales, pour ce qui s'y trouve apprécié, ou d'après une estimation d'experts pour les autres objets, et composer du tout le prix du bail sur lequel le capital sera fixé.

On ne doit pas omettre aussi d'ajouter au prix du bail les pots-de-vin payés par les fermiers, et de vérifier avec soin s'il existe des contre-lettres que le fermier n'aurait pas déclarées, parce qu'alors elles doivent, comme les pots-de-vin, être ajoutées au prix du bail.

Enfin il faut aussi ajouter au prix du bail les impositions, charrois, corvées, et toutes autres redevances, ainsi que les dîmes, cens et droits féodaux supprimés, etc., dûs en 1790, et qui étaient à la charge du fermier.

Les baux existans en 1790 font la base des évaluations pour tous les biens qui s'y trouvent compris, de quelque classe qu'ils soient: s'il n'y a point de baux, les biens ruraux sont évalués d'après la contribution foncière, et les moulins, maisons et usines sont estimés.

Dans le cas où il n'est pas besoin du ministère d'experts, l'administration doit s'occuper, dans le plus court délai, de fixer le prix de l'objet soumissionné; et dans tout autre cas, elle doit accélérer le travail des experts.

Si un même bail comprend des biens des deux classes, il faudra faire procéder par experts à une ventilation ou estimation des objets affermés confusément, pour, d'après la fixation du prix de chaque classe, former le capital de chaque portion suivant la classe à laquelle elle appartient.

A défaut de bail authentique en 1790, la contribution doit servir de base d'évaluation pour les biens ruraux; mais il faut que le rôle ou la matrice du rôle ne confonde pas des biens non compris dans une même soumission, sans quoi on serait réduit à l'estimation par experts.

L'évaluation prescrite d'après la contribution de 1793 doit avoir pour base la totalité de cette contribution, tant en principal que sous additionnels.

Si le préposé de l'enregistrement reconnaît que la contribution foncière est inférieure à la proportion légale, il pourra réclamer l'estimation du domaine soumissionné, et l'administration pourra l'ordonner.

Dans tous les cas d'évaluation sur la contribution foncière, ou d'estimation par experts faute de baux authentiques, s'il se trouve des baux sous seing-privé, ou emphytéotiques, quoiqu'ils ne doivent pas servir de base aux évaluations, les évaluations sur la contribution foncière, ou les estimations d'experts, ne pourront être inférieures à celles qui auraient eu pour base les baux sous seing-privé ou les baux emphytéotiques; elle ne pourront aussi, dans aucun cas, être inférieures aux estimations qui ont été faites précédemment.

La contribution foncière ne peut servir de base pour l'évaluation des maisons, moulins et usines; ainsi, lors même que la contribution foncière sert de base à l'évaluation d'une ferme, les bâtimens doivent en être estimés et le prix ajouté au montant de l'évaluation.

Tous les bois, tant de futaie que baliveaux sur taillis, ne pouvant être considérés comme faisant partie des biens affermés, ni être évalués, sur la contribution foncière, parce qu'ils ne produisent pas un revenu annuel, seront estimés en fonds et superficie.

Les taillis le seront de même toutes les fois qu'ils ne seront pas compris dans un bail qui en donne la coupe au fermier; en ce dernier cas, il sera seulement procédé à l'estimation des baliveaux et arbres de réserve, dont le prix sera ajouté au prix du bail.

Dans tous les cas d'estimation par experts, elle ne pourra être inférieure au capital que fournirait l'évaluation d'après la contribution foncière.

Les cheptels, semences, et autres avances faites aux colons par les propriétaires, seront toujours estimés, et leur valeur payée en sus des autres objets compris dans la soumission.

Les bois au-dessous de 300 arpens doivent être à la distance de plus de mille toises des forêts, pour ne pas être censés en faire partie.

Les biens qui dépendront de quelques maisons ou bâtimens y attenant ou servant à leur exploitation, ne pourront être vendus qu'avec lesdites maisons ou bâtimens, toutes les fois que la vente séparée pourrait nuire à l'intérêt de la république.

L'administration du département appellera le directeur des domaines pour assister et donner ses renseignemens lors du réglement d'évaluation du prix des biens soumissionnés ; il sera tenu d'y assister, ou d'y faire assister un autre préposé, qui signera le procès-verbal que rédigera l'administration du département. Le procès-verbal sera fait d'après le modèle annexé au présent. (C)

S'il faut procéder à une estimation d'experts, l'un est nommé par le soumissionnaire, l'autre par l'administration ; et en cas de partage entre eux, l'administration nomme un tiers : on ne prescrit dans le choix aucune condition ; il suffit qu'ils méritent la confiance. Ils ne sont assujétis à aucun serment ; mais, avant de commencer leurs opérations, ils se rendront chez le commissaire du directoire près la municipalité de la situation des biens, et lui exhiberont leur commission.

Ledit commissaire et les experts se transporteront ensuite sur le bien, constateront sa situation, sa consistance, fixeront le revenu de ce bien en 1790, et le capital sera formé, en multipliant ce revenu par 22, ou par 18, suivant la nature des biens. Leur procès-verbal sera rédigé d'après le modèle annexé au présent. (D)

Les vacations des experts seront réglées par l'administration du département, et payées sur les deniers consignés par le soumissionnaire. Il sera alloué au commissaire la moitié de la vacation d'un expert, laquelle lui sera payée de même.

Les experts recevront leurs commissions du département, et seront tenus de commencer leurs opérations dans la décade, de les continuer sans interruption, et de les terminer au plus tard dans le mois, sauf, en cas de maladie, à demander leur remplacement : faute à eux de se conformer à cette disposition, il sera nommé d'autres experts ; et les premiers ne pourront plus être nommés pour remplir ces fonctions, et ne pourront demander aucun salaire pour les opérations qu'ils auront commencées.

Toutes les fois que l'administration décidera que l'objet soumissionné n'est pas susceptible d'être aliéné, la somme consignée par le soumissionnaire, lui sera restituée de suite sans frais. Cette restitution sera faite de même dans tous les cas où l'administration du département rejetera une soumission.

Les administrations de département seront tenues de prononcer sur le rejet ou l'admission des soumissions dans la décade au plus tard de leur date. Elles ne pourront admettre une nouvelle soumission sur les objets sur lesquels elles en auront rejeté une première ; mais si leur décision est réformée par l'autorité supérieure, la première soumission aura son effet ; et à défaut par le soumissionnaire de la remplir, il en pourra être reçu une seconde.

S'il était possible que les administrations négligeassent de remplir avec activité et avec zèle les fonctions qui leur sont déléguées, elles seront responsables du retard et des indemnités qui pourraient être dues aux soumissionnaires.

Modèle d'Obligations à souscrire d'après l'article 20 de la loi du 14 ventose an 7.

RÉPUBLIQUE FRANÇAISE.

ALIÉNATIONS DES DOMAINES ENGAGÉS.

Loi du 14 ventose an 7.

Le soussigné propriétaire par arrêté du département du an d'un domaine aliéné par l'ancien gouvernement, situé à département d provenant et consistant en s'oblige de payer le an fixe, au receveur du domaine établi à la somme de en capital, et de plus l'intérêt sur le pied de cinq pour cent, sans retenue, à dater du an le tout en numéraire et pour acquit de sa obligation pour le tiers du quart du prix dudit domaine.

Fait à le an de la république française.

(Signature du propriétaire ou de son fondé de pouvoir.)

Vu et certifié par le receveur des domaines à

Modèle d'Obligations à souscrire d'après l'article 30 de la même loi.

Le soussigné acquéreur par procès-verbal d'adjudication du an d'un domaine aliéné par l'ancien gouvernement, situé à départemenr d provenant et consistant en s'oblige de payer le an fixe, au receveur du domaine établi à la somme de en capital, et de plus l'intérêt sur le pied de cinq pour cent sans retenue, à dater du an le tout en numéraire et pour acquit de sa obligation pour le tiers du quart du prix dudit domaine.

Fait à, le an de la république française.

(Signature de l'acquéreur ou de son fondé de pouvoir.)

Vu et certifié par le receveur des domaines à

NOTA. Chaque Obligation doit être timbrée, première et deuxième.

ERRATA.

Page 6, lig. 5, *au lieu de* l'aliénabilité : *lisez*, l'inaliénabilité.
Pag. 20, lig. 27, *au lieu de* susceptible : *lisez*, susceptibles.
Pag. 28, lig. 2, *au lieu de* sujette au rachat : *lisez*, sujettes au rachat.
Pag. 34, lig. 7, *au lieu de* estimasion : *lisez*, estimation.
Pag. 38, *au lieu de* art. XXXIII : *lisez*, XXXVII.
Pag. 43, lig. 6, *au lieu de* la convention national : *lisez*, la convention nationale.
Pag. 44, lig. 5, *au lieu de* 24 germinal an 3 : *lisez*, 24 germinal an 2.
Pag. 46, lig. 6, *au lieu* les aliénation : *lisez*, les aliénations.
Pag. 60, lig. 2, *au lieu de* relatives : *lisez*, relative.
Pag. 63, lig. pénultième, *au lieu de* dans ces dernier : *lisez*, dans ces derniers. Pag. *idem*, *au lieu de* sil : *lisez*, il.
Pag. 64, lig. 11 et 12, *au lieu de* soit déclaration expresse de réunion : *lisez*, sans déclaration expresse de non-réunion.
Pag. *idem*, lig. 30, *au lieu de* et démembrés des : *lisez*, et démembrée des.
Pag 78, lig. 2, *au lieu de* Colange : *lisez*, Colonge.
Pag. *idem*, lig. 9, *au lieu de* bon : *lisez*, bail.
Pag. 79, lig. 14, *au lieu de* 1990 : *lisez*, 1790.
Pag. 80, lig. 6, *au lieu de* ascensement : *lisez*, accensement.
Pag. 82, lig. anti-pénultième, *au lieu de* ces biens : *lisez*, ses biens.
Pag. 85, note lig. 3, *au lieu de* acquirt : *lisez*, acquiert.
Pag. 104, lig. 21, *au lieu de* comte d'Argenteau : *lisez*, comté d'Argenteau,
Pag. *idem*, lig. 27, *au lieu de* occassiona : *lisez*, occasiona.
Pag. 109, lig. 9, *au lieu de* Louis XIV : *lisez*, Louis XV.
Pag. 120, lig. pénultième, *au lieu de* conttat : *lisez*, contrat.
Pag. 127, lig. 1, *au lieu de* ces articles : *lisez* les articles.

TABLE

DES MATIÈRES

Comprises dans les trois parties de cet Ouvrage.

LOIS.

DEUXIEME PARTIE.

Législation ancienne et nouvelle.

CHAPITRE PREMIER.

Législation ancienne.

§. Ier.

§. II.

CHAPITRE II.

TROISIÈME PARTIE.

Obligations des Engagistes, Experts, préposés de la Régie, et des administrations centrales.

§. Ier.

§. II.

§. III.

Fin.

www.ingramcontent.com/pod-product-compliance
Ingram Content Group UK Ltd.
Pitfield, Milton Keynes, MK11 3LW, UK
UKHW020329230726
13925UKWH00002B/710

9 782014 035322